如何為寶寶取個好名字

精選姓名格局、宜用字大全一次收錄！

第1本真正的取名秘笈

• • •

亨來閣主

蔣天民 著

目錄

推薦序 **美好人生，從一個好名字開始** 詩人、書畫家 侯吉諒 004

序 **為名字賦予良好的文化** 010
　　用科學的方法探討命理與姓名學，也將文化賦予在寶寶的名字中

1 給父母們的取名建議 014

先為名字賦予風格與意境 015

是否要採用命理方式取名 019

網路命名程式的邏輯與問題 021

善用社群與免費資訊 026

2 取名秘笈 032

如何運用取名秘笈 033

查閱姓氏的筆畫數 035

選擇自己喜歡的文字 041

帶入本書獨創的姓名格局 050

用「星光大道」的模式選出冠軍寶寶 094

3 取個好名字還需要講究哪些事 100

避用長輩的名諱 101

輩分字是否要遵循 106

取名是父母的職權 110

哪些文字不宜選用 113

如何配置優雅的音韻 119

如何配置協調的字形 126

如何淬鍊優美的文意 137

名字是最好的座右銘 147

如何取兄弟姊妹的名字 152

印章與彌月習俗 160

4 姓名學在說什麼 166

姓名學是怎麼產生的 167

姓名學就是名字的風水學 174

筆畫就是裝潢與景觀 185

五行就是根基與骨幹 208

格局就是為名字設計風水 —— 如何兼顧筆畫與五行 234

根據生辰來選擇適合的格局 269

為什麼大家都在討論生肖 301

怎麼有些老師說的不一樣 327

美好人生，
從一個好名字開始

—— 詩人、書畫家　侯吉諒

亞馬遜（AMAZON）是世界上最大的電商，成功的主要原因之一，在於他們開發了一套可以預測顧客消費行為的方法。

例如，如果有人買了整套的家俱、家電，年紀在 30 至 40 歲之間，即可斷定是新婚，那麼亞馬遜在一年之後即會主動寄發各種嬰兒產品的推薦，如果顧客果然也購買了相關產品，接下來的十年之內，亞馬遜就可以更準確的主動推銷各種產品；就是這種預測、主動、貼心的行銷，讓亞馬遜成為電子商務的霸主。

「預測將來」其實是所有行業無不努力以赴的領域，能夠預測未來的人、有相對應的策略和作為，自然可以成為贏家。

在傳統文化信仰中，算命便是最常見的一種預測將來的方法。

由於歷史悠久、累積深厚，許多傳統文化到了現代社會，難免給人莫測高深、或不合時宜的感覺。

傳播、應用傳統文化，因而常見許多玄之又玄的說法，如果牽涉原本就屬於玄學的命理，更是容易被一些不肖的業者裝神弄鬼，不僅信口胡說，甚至唬人詐騙。

命理有一大部份屬於統計分析，如同現代的大數據，掌握其中關鍵，就容易知過去測未來，但一般人或者比較少接觸，或者不明白其中淺顯易懂的道理，所以容易迷惑、受騙上當。

命理之所以讓人覺得高深莫測，主要原因，是命理使用的語言自成一個系統，讓外人難以探究其中奧祕，如同現代的電腦程式語言，不懂的人「明明每個字都看得懂，加起來卻不知道什麼意思」，這也造成許多歧義解釋、詮釋混亂，至於招搖撞騙，更因此有機可乘。

但若因此視命理為不科學的無稽之談，也就過於武斷而近於無知。命理之學是數千年來文化深層的累積，歷代命理大師的著作，都是參悟自然規律、人事變化，以及高度濃縮其中智慧，並發展成哲學

思想的專門學問，如果只是因為不懂其使用語言之古奧神秘，即輕視為迷信、虛妄，那麼連孔子這樣的百代聖人恐怕都要被歸之於低能無智了。

所以，在現代社會要了解、運用命理，即在如何「翻譯」命理深奧的專有名詞為一般人可以理解。

長年以來，我用現代人可以理解的物理、數學、力學、幾何的知識，重新解釋書法的諸多原理與技法，不但讓現代人更容易接受書法，也打破許多長久以來即存在的錯誤觀念，使得學習書法在現代社會更容易、簡單而有效。

蔣天民跟隨我學習書法超過十年，把我的這套現代方法帶入他深刻研究的命理之中，獲得許多可觀的成績。

命理學中，和一般人最容易發生關係的，大概就是姓名學了。姓名

是一個人的代號，影響之大，不言可喻。

我常常在上課的時候強調，漢字通鬼神，正面的字有正面的能量，負面的字帶負面的能量，那是因為漢字的發明，是從象形開始，既然象形，當然會與大自然的現象、能量發生關連、產生震盪。所以負面的字要少寫，或者要變通方法；例如「悲」字，練習的時候要與「慈」字同時練，如此就可以化解負面能量，甚至產生正面的效果。

作為一個人代號的姓名當然也是如此，但傳統的姓名學往往因此被大量玄虛的「專業說法」所「包圍」，讓許多年輕父母在為新生兒取名的時候有諸多困擾。

例如，要不要遵守所謂命名學的理論？筆畫組合是不是一定要考慮在內，還是只要取一個響亮、好聽、吉利的名字就好？其中又有什麼一定要避免的忌諱等等，都是需要考慮的問題。

蔣天民的這本《如何為寶寶取個好名字》，以堅實的理論、平易近人的現代語言，翔實論述了命名的諸多學問、訣竅，破除諸多坊間流傳的謬誤觀念，為所有關心命名的人，打開清晰而正確的視野。為自己的孩子取一個寓意吉祥、音韻清爽的好名字，無疑是迎接美好人生的最好開始。

有的人可能會說，命名好壞和人生際遇的順逆沒有關係；我有一位深諳命理的朋友就是如此主張。然而他的本名類似「台灣阿榮」，在命理界，他卻以某某山人名世，如果名字不重要，這位朋友為什麼不用那土氣本名就好？

有一個好名字，雖然不能「保證」必然擁有一個好的人生，但一定是好的開始。因此，就要先仔細研究蔣天民的《如何為寶寶取個好名字》。

—— 序

為名字賦予良好的文化

用科學的方法探討命理與姓名學，

也將文化賦予在寶寶的名字中。

—— 亨來閣主　蔣天民

本書能夠順利出版，首先要感謝我的恩師侯吉諒先生。

約莫十多年前，很幸運地能有機會向侯老師學習書法。我最初學習書法的本意與別人不同，是抱著能用漂亮的書法字寫命書的想法來學習的。但也正因為這個機緣，改變了我的人生，由一位業餘的命理愛好者，轉變為專業的命理工作者，在短短五年之間，就透過相關課程與各種管道接觸超過一萬名新一代的父母，並且能為其中三千多位新生兒取名，而這蛻變的過程，絕非向其他任何一位老師所能學習到或領悟到的。

侯先生是當代首屈一指的書法家、畫家、篆刻家，也是傑出的詩人、文學家，獲得多次時報文學獎與年度最佳詩人獎的殊榮，甚至對於編輯與出版也都十分專精。您或許覺得疑惑，侯先生並非命理道中之人，何以能對我有如此大的影響，這就要回歸到老師時常提到的兩個根本法則，即技法與心法，以及科學的方法；也就是這兩大法則，讓我運用在命理上也獲益匪淺、無往不利。

學習書法、篆刻，學的是寫字的技術或刻印的技術，是屬於技法，但技法好並不代表程度好，相對的若沒有在文化上多多沉潛陶冶，寫出來或刻出來的東西就會俗氣而難登大雅之堂。因此在跟隨老師多年的學習過程中，除了在技法上精進，更多的是培養文化的素養，琴棋書畫詩酒花雖然各有各的門道，但在文化上卻有著異曲同工之妙。

在命理工作上也是同樣的道理，不論是取名或是論命，若只在姓名學的筆畫公式與生肖說法上玩把戲，或者在命理的名詞上穿鑿附會，那麼取出來的名字或講述的內容，也就失去了文化而流於俗套。也因此，我除了鑽研命理經典，更將廣泛的文化融入於命理之中，造就了符合新一代知識分子所能接受的論述與風格。我的啟蒙老師倪海廈先生也時常提到，學習命理要重視的是本質，而不是在形式上作文章。

至於科學的方法，更是有助於我們破解盲點最有效的方式。許多看

似理所當然的論點，運用當代的數學或邏輯，就可以輕鬆找出問題與謬誤，像是侯老師所提出如何分析漢字美感的要素、如何判斷書法筆畫的力道，都是以科學的方法來分析驗證的。有了科學的方法，更能建構一套讓有志者更快速且有效學習的嶄新模式。我在書中也大量運用科學的方法，為父母們建構了一套完整的取名模式，而不同於傳統姓名學的陳述方式。您可以依據自己的需要，選擇適合的模式來為寶寶取一個最面面俱到的好名字。

最後要再次感謝侯吉諒老師對於本書架構的費心指導，感謝時報出版董事長趙政岷先生提供出版的機會，以及資深主編陳盈華小姐在編排上的建議與協助。

1

給父母們
的取名建議

筆者從事專業命理工作多年，已經為數千名新生兒取名，而從各種經驗知道，有些父母在寶寶尚未出生時就開始構想名字，也有些在寶寶出生超過一個月後仍對取名毫無頭緒；有些父母對名字非常有主見，但也有些十分在意他人的意見而猶豫不決。因此本書首先就父母們可能遇到的問題，提供為寶寶取名前應先建立的基本觀念。

● 先為名字賦予風格與意境

一般人可能都認為，取名字不是應該要先算筆畫看五行、或者寶寶生肖屬什麼嗎？但若真是如此，那「諸八戒」都可以算是好名字了──只要生肖、五行、筆畫對，就對了嘛！因此我在相關課程中，一開始都會先問父母們一個問題：以下哪一點是取名最重要的？

    1　身為父母的我們喜不喜歡這名字
    2　名字的意涵是否符合自身的期望
    3　是否符合筆畫五行生肖等姓名學

正在閱讀本書的您，有何想法我不知道；但上述的排序，其實正是答案。理由很簡單，一個令您看了都不喜歡的名字是沒有能量的，就如同在家裡懸掛一幅自己都不喜歡的畫作，又如何賞心悅目呢？其次，名字的意涵就如同畫作的主題，好比您本來偏好山水畫，卻掛著一幅抽象畫，雖可接受但也美中不足；至於第三點，說句實在話，寶寶出生兩個月內即要報戶口，要如此急就章找資料，而企圖自行在短短時間內參透命理與姓名學是不可能的，充其量只能看到表象，甚至是錯誤資訊。不如先放下第三點，以下我們從第一點與第二點來著手；若想兼顧第三點，本書後續章節會再提供快速且便利的秘笈。

您喜歡古典風還是現代風？

所謂的「古典」，並非指老派俗氣或菜市場名，而是出自特定典故，像是曾經看過的文章、讀過的詩或親身經歷印象深刻的事，甚至於夢境中所得的靈感，將這樣的典故賦予在名字中，例如李商隱〈錦

瑟〉的「莊生曉夢迷蝴蝶」，故取名為「夢蝶」；或者是喜歡《詩經》〈陳風・月出〉月出皎兮的意境，將名字取為「玥兮」。曾經有對夫妻向我描述當年相識的場景，兩人在湖畔比肩而坐，凝視著陽光灑在湖面上波光耀動的璀璨畫面，因而選擇符合當時氛圍的「昀洸」為名。這樣的取名方式，是比較特殊的情況。

所謂的「現代」，則是指當今流行的風格。例如具有韓式色彩的敏皓、培峻、恩在，具有文藝氣息的歆惟、煦甯、晴允，甚至像動漫角色的星詠、梵恩、楚涵等等。多數父母喜歡現代風格，但要注意是否會成為下一代的菜市場名，內政部統計近年過多人選用的名字則宜避免。

您喜歡畫面型還是心境型？

「畫面型」的名字，如夏季陽光燦爛的「暐夏」、星光閃閃如星河的「星澈」、山川壯麗奔騰的「岳澤」、蝴蝶在花間自在飛舞的「芮

蝶」、凝視大海遠端旭日東昇的「泱旭」等等，從名字中可清楚看出一幅美好的畫面。

「心境型」的名字，如鬥志奔騰氣宇軒昂的「騰宇」、立定目標持之以恆的「楚恆」、品德出眾以德服人的「峻寬」、溫暖和善知恩感恩的「煦恩」、砥礪自我逆流而上的「礪舟」等等。

畫面與心境兩種風格各有千秋，都能獲得父母們的喜愛。

您對寶寶的具體期望為何？

例如期望獲取精湛的學問取名「湛學」、期望擁有高深的智慧取名「嵩叡」、期望使命必達創造佳績取名「紹勛」、期望努力經營自己的理想與藍圖取名「牧寰」、期望努力進取獲得美好成果取名「耘菲」，期望為人謙善處事公允則取名「允謙」等等……只要是正面良善的期望，都適合作為名字。

　　　　　　　　　　　　　　1　給父母們的取名建議

您有想好為寶寶的名字建立什麼樣的風格與意涵嗎？我的經驗是，若父母本身已有想法，很快就能選到滿意的名字；但若沒有事先設想，即便將整本字典攤在面前也很難做出選擇。

● 是否要採用命理方式取名

採用命理方式取名，似乎是當前的主流。我估計目前大約有七成左右的父母會這麼做，包括直接找命理老師、翻閱姓名學的書籍自行排算，或者上網運用取名程式等等；另外三成的父母或許是宗教因素、或許覺得命理老師取的名字俗氣不喜歡，甚至於壓根兒就不信什麼姓名學的；蘿蔔青菜各有所愛，沒有對錯。

而您或許不知道，古人又是怎麼取名的呢？在古代受教育是少數人的事，大多數人或文盲或識字有限，家裡頭生了孩子，萬一沒人識字要如何取名？總不能阿狗阿貓的亂取吧！這時就會去找老師來幫忙了。說到「老師」您可別搞錯了，古人的名字可不是找算命先生

取的，而是文人。不論都市鄉村，各地總有些讀書人，像舉人、秀才或私塾老師，在士大夫為尊的封建社會，讀書人是備受敬重的，家裡若沒有讀書人，自然就會去找地方上的讀書人來取名。您看三國群英曹孟德、孫仲謀、關雲長、趙子龍、張翼德、呂奉先如此氣勢磅礴的豪情，近代名臣曾國藩、李鴻章、左宗棠、盛宣懷、康有為、梁啟超如此胸懷壯闊的意境，乃至民國文人徐志摩、林徽因、梁思成、張幼儀、陸小曼如此文采風流的情懷，他們的名字都是出自文人手筆，那個年代並沒有姓名學的制約，若將上述名字帶入現在的姓名學公式來看，也沒有任何意義。

若您決定採用命理方式取名，就要有文字可能被侷限的認知，或許自己很喜歡某個文字或風格，但受姓名學的框架限制而用不上。例如用字筆畫不對，就有影響身體健康或婚姻幸福的說法；又或者文字五行相沖，就有沖剋父母或人際破敗的說法；甚至生肖屬虎卻喜歡「艸」部字，或生肖屬牛卻喜歡「心」部字，如此吃不到食物會沒福氣等等。有些父母在取名時沒有事先建立這樣的觀念，很想選

1　給父母們的取名建議

用某些字，卻一直在姓名學的框架中糾結，這樣很難有結果。

其實，最簡單的原則是：若您在意筆畫，就要捨棄筆畫為凶的文字；若您在意五行，就要捨棄五行不符的文字；若您在意生肖之說，那就要捨棄字形與生肖不合的文字；若您在意愈多命理說法，就要捨棄愈多文字。如此七折八扣下來，大部分的文字都不能用是正常的。若您已屬意選用某個文字或某個名字，還要再套用命理之說來驗證只會徒增困擾，不如學習古人選擇意義非凡的名字即可。

若比較希望符合姓名學規範，就只能退一步在有限的文字中選擇。當然能兩全其美最好，若無法兼顧，父母自己要取捨孰輕孰重。特別是準備找命理老師取名時，請務必有以上認知，以免事與願違。

● 網路命名程式的邏輯與問題

為姓名算過分數的請舉手！若您曾用過網路上的取名程式，就能理

解我的意思。每次於課程中詢問，總有將近半數的父母曾上網使用取名程式。把名字輸入程式中運算，就會打個分數寫個評語；而許多父母發現了這麼方便的工具，便好像拿到神兵利器般無往不利，認為可以取代老師，也不用那麼麻煩翻書找資料了。但若您不知道命名程式設計的邏輯以及隱藏的問題何在，請在看過以下說明後，再決定是否僅憑這類程式就定下了寶寶要使用一輩子的名字。

程式提供者的心態

天下沒有白吃的午餐，命理服務也不是慈善事業，編寫程式架設網站是需要成本的，因此許多程式帶有「釣魚」功能（非指竊取個資，而是指讓生意上門的話術），不論您輸入的名字是什麼，都可能顯示部分定義為「凶」的文句，而不會全部吉祥如意。在網路上看到「凶」這個字眼，通常會讓人心裡一陣悸動，害怕萬一用了這名字會發生什麼事……然後有人就上鉤了。您不能說程式詐騙，但「吉」、「凶」這類字眼非常商業導向，有時或許積極努力、靠自

己打拼就要論「凶」，但積極努力有錯嗎？原來，只靠自己努力太辛苦了，所以是「凶」；要別人幫你才是「吉」！遣詞用字些微之差，就構成了吉凶兩極的定義。但人家花錢架設網站，豈是架辛酸的呢？當然要有「釣魚」功能，才能拿回成本甚至獲利。

程式設計者的造詣

程式畢竟是人寫的，就是一些參數的組合，愈複雜的程式要花愈多工夫，寫程式的人通常是工程師而非命理師。若是命理師花錢請工程師寫程式，也必定是要從這上面討回利潤的。此外，程式的參數就是正確客觀的嗎？

筆者測試幾個網站後發現，有些在筆畫計算上用《康熙字典》，但也有少數用教育部《國語辭典》，同一個名字輸入不同網站，會出現吉凶兩極的評價；還有選用的命理派別不同，對同一個名字便可能有天差地遠的判定。有些程式提供者自身造詣不足，僅用極粗淺

的參數就做出這樣的網站，是否值得信任，不言而喻。

程式不能判斷文字的意涵

除了吉凶，這些命名網站還會給名字打分數，通常父母會優先選分數高的名字，總覺得分數代表好壞，但可有想過這分數是用什麼標準打出來的？

一般來說，這些程式都是這樣設計的──該程式會先連結一本字典，將文字的筆畫數定為參數，例如「錢」與「錯」這兩個字都是16畫，那參數就是一樣的；再設定姓名學的公式並定下吉凶定義。在此定義下，只要輸入的文字筆畫一樣，就會得到相同答案。所以不論輸入「余有錢」或「余有錯」，對程式來說是沒有差別的，但這兩個名字的意涵可是天差地遠啊！程式沒有厲害到連名字的形音義都可以判斷。

分數不代表姓名學理的優劣

即使是符合良好定義的姓名格局（指具備吉祥的筆畫與良好的三才五行結構，詳見第四章），在分數上仍會有不小落差。這一點絕大多數的人並不知道，這裡就一句話點破吧：愈是平安是福的定義分數愈高，愈是積極進取的定義則愈扣分，因為傳統觀念傾向如此。但時至今日，多數父母會期望孩子將來能積極打拼、開創事業，而非只呵護孩子、平安是福。不能說分數這樣定義是錯的，但如此便容易誤導父母，只去挑選符合程式最高分定義的名字了。

程式終究不能取代人性

程式固然提供一個方便取名的方法，但這畢竟只是零與一的參數，是沒有情感成分的。同一個名字之於不同父母的感受也不同，對您可能非常感動、意義非凡，對其他人而言則或許毫無感覺、甚至格格不入。如果您嘗試運用程式取名，也需要多加思考文化與情感因

素，才能面面俱到。此外，不要對程式判定的吉凶與分數過度敏感，畢竟此兩者商業成分太重，愈在意就愈難取名。

● 善用社群與免費資訊

隨著國人普遍教育水平提升，新一代父母對取名之事自主性很高，不像以前的人取名字，多半從命理老師給的幾個選項中挑一個就用了，自己並不會想太多，反正老師說的照辦，就吉祥如意了。

時至今日，即便家中長輩已經先找老師幫孫子取名，但若這些名字不符合父母的想法或喜好，可不會輕易接受，多半會自己去找資料印證，甚至從社群媒體中獲得資訊。因此，老一輩與新一代獲取資訊的管道差異極大，其落差可以用「鴻溝」來形容。

以下則就我的實務經驗，提供適合您參考的資訊與管道。

PTT 與 Mobile01

這兩個社群對新一代的父母而言並不陌生，例如 PTT 就有一個專屬的「寶媽版」（BabyMother）。首先建議這兩個社群的原因，是參與者年齡層相近且平均素質較高，討論易有共鳴外，最重要的是不易有廣告或業配文洗版，多有版主群嚴格把關。社群中所討論的話題都是父母們關切的，其中發言不論好評甚至負評，也都是父母們真誠的表述。透過這樣的管道，可以獲得相對客觀的資訊，並且這兩個社群討論的內容甚至關鍵字，都可以用 Google 搜尋引擎找到而十分便利。唯一可惜的是，目前 PTT 已不開放新帳號加入，若您先前沒有帳號就沒有發言權，但裡面的資訊仍然可以參閱。

LINE 的媽咪相關群組

LINE 群組屬封閉性質而無法透過搜尋獲得資訊，必須主動加入，但好處也是不容易有廣告或業配文攪局，您的問題多半可以獲得其

他媽咪分享的答案。這類群組多半是階段性的、以孩子的年齡來區分，就新生兒父母居多的 LINE 群而言，加入的時間通常是從備孕到寶寶出生後的一段期間內，之後多數媽咪會離開群組；但這樣的特性也起了傳承經驗的作用，您的問題自然會由近期有相關經驗的媽咪來回答。至於如何找到這樣的群組，可以經由周圍的友人分享，也可以透過 PTT「寶媽版」的資訊來加入。

網路版教育部《重編國語辭典修訂本》

提供這本辭典的主要用意，在於提供父母們選字的依據。賦予正確意涵是取名的首要之務，也是父母不可迴避的義務。即便您找命理老師取名，也必須對其提供的文字或名字加以「引經據典」，看看是否有不良寓意或典故。

許多文字同時具備正反兩面意涵，如何搭配方能引申為正面意涵非常重要；或許您喜歡某個名字，但查詢辭典卻有不良典故。此外，

1　給父母們的取名建議

命理界近來有選用生僻罕用字的**趨勢**，以彰顯命理師用字特殊。其實，要選生僻罕用字一點都不難，翻開《康熙字典》多不勝數；但若該字在教育部辭典中沒有任何解說甚至查不到，表示為異體字或不通行文字，則不建議採用，以避免日後使用麻煩造成困擾。

網路版教育部《臺灣閩南語常用詞辭典》

新一代父母對台語比較生疏，有時不知名字台語讀音為何，但長輩可能會比較在意台語音韻，也或許名字有台語諧音您不知道。只要進入《臺灣閩南語常用詞辭典》的網站，在附錄「姓名唸法查詢」中輸入名字，系統便會將台語讀音以羅馬拼音顯示並播放出來。

雖然當今較少以台語來叫名字，但畢竟身為台灣人也不可不知自己名字的台語讀音，運用上以不要產生諧音或負面觀感為主。國台語音韻的美感不同，老一輩希望台語叫起來順口，那國語發音未必優美；建議仍以國語發音為原則，台語音韻作為輔助參考即可。

網路版內政部《全國姓名統計分析》

內政部平均每兩年會統計全國姓名的精準數據與排名，網站上有完整 PDF 檔可供下載，您不用為此購買實體書。提供這個資訊的主要目的，是避免取到下一代的「菜市場名」，畢竟同輩父母喜好的文字與風格可能較為雷同。

內政部製作這份資料可說相當細緻，諸如每個姓氏有多少人口、男女百大最常見名字、最常用的文字等，都有精確統計。適用於取名的文字是有限的，所有人都要用這些字來取名，因此名字必定會與人重複，不論您取什麼名字，天涯海角都能找到同名的人。但您想取的名字是否已經有太多人選用？還是先了解一下比較好。

至於多少人同名（不含姓氏）才稱得上「菜市場名」？我的意見是全台灣一千人以下同名屬於合理範圍，一千人以上選用就有偏多之顧慮，有可能會形成趨勢，就要斟酌替換其他名字；若同名者達到

三千人以上，以當代來說必定為「菜市場名」無誤！您不能拿以前「家豪」或「淑娟」動輒上萬人的名字來比較，當時資訊不夠發達，大家也不知道有多少人用一樣的名字。但今日獲取資訊的管道如此多元便利，若孩子還是與三千人以上同名，那確實是父母的責任了。

此外，網路或臉書上充斥大量命理相關資訊，只要搜尋「命名」或「取名」的關鍵字，就會顯示非常多網站或粉專，其中網站排序在最前面兩頁、或粉專名稱下方顯示「贊助」與「推廣」字樣者，都是有花錢買廣告的。參考這些資訊時，就要注意是否為業配文或自吹自擂。命理服務畢竟不是銷售商品，命理工作者本身的學養與口碑才是您需要考量之處，過度商業行銷並不合適。

2

取名秘笈

● 如何運用取名秘笈

本書一反傳統命理書籍的鋪陳方式，直接將可用於取名的文字與姓名格局列在本章，目的是避免父母們受到太多坊間命理之說的影響，造成取名用字上不必要的顧忌，而讓最後選出的名字不但沒有符合您的期待，也未必符合正統姓名學的定義。因此，本書回歸取名的本質，從父母期望的角度來思考。若您希望進一步探索姓名學的內容，在第四章會有更詳細的說明。

此外，我也根據多年命名的經驗，為各位父母們設計了「星光大道」的評審模式，讓您從眾多角逐者中選出冠軍寶寶。現在就請根據您自身的觀點，來選擇以下適合的模式。

我比較重視名字的風格與文化

重點是直接選擇良好的文字，因此不用拘泥筆畫與姓名格局，待選

出若干較為屬意的文字後記錄下來備用，再參閱第三章的內容，將屬意的文字組合為數個滿意的名字（五至八個最適當），即可開啟「星光大道」模式。

我比較重視姓名學的章法

先根據姓氏筆畫數進入本章提供的姓名格局，選擇數個想選用的類型，再依據指定的筆畫數，挑選您屬意的文字。須注意「名一」與「名二」不可互換使用或跨組搭配（若想進一步了解格局定義的內涵，可再參閱第四章的內容），同樣將屬意的文字組合為若干最滿意的名字，即可登上「星光大道」舞台。

我希望面面俱到，兼顧二者

想必大多數父母都希望魚與熊掌兼得，雖麻煩點但也不困難，先就喜歡的文字來選擇，選定後再根據姓氏筆畫數進入姓名格局，看看

是否有適用的選項。若是有筆畫剛好契合的格局就恭喜您，若喜歡的文字筆畫與格局定義有落差先別懊惱，斟酌調整幾次應該也能找到。當然您也得多花些時間，將本書後兩章都閱讀一下，看看是否要調整名字。如此面面俱到選出幾位最滿意的選手，就可以歡喜地參加「星光大道」選拔賽了！

● 查閱姓氏的筆畫數

排算名字的筆畫數是依據《康熙字典》的定義，而非教育部《國語辭典》，原因與計算法則會在第四章詳細說明。

以下先將常用姓氏依筆畫數排列，特別標示出的字，為筆畫存有爭議的姓氏，筆者會附註說明，並建議您採用共識決：共識愈大、肯定的人愈多，如此才能獲得命理上最大的能量加持。此外，若您為罕見姓氏本書未收錄，可先至教育部《國語辭典》查明部首，再依據第四章參閱《康熙字典》筆畫制定的原則，即可確定筆畫數。

姓氏筆畫數二

丁 卜 刀 乃 刁 力

姓氏筆畫數三

于 干 千 山 上 才

註:「才」編為手部,有部分學者認為應以四畫計,任選其一即可毋須拘泥。

姓氏筆畫數四

王 文 孔 牛 支 戈 毛 方 尹 巴 尤 元 仇 卞 井 公 水 月

註:「王」編為玉部,有少數學者認為應以五畫計,當代共識以四畫計。

姓氏筆畫數五

田 石 包 古 白 丘 冉 甘 申 左 右 史 令 平 丙 皮 弁 司

姓氏筆畫數六

朱 任 安 宇 伏 伍 羊 吉 年 曲 向 伊 米 全 戎 百 同 后 仲 牟 匡 再 危

姓氏筆畫數七

李吳杜呂江谷余何巫宋池辛車利岑成汝佘貝冷言杞甫初兵

姓氏筆畫數八

林周沈金易卓宗狄孟官汪屈季岳武祁幸沙明居艾房杭炎念宓牧孟松東宜竺枋於來忻岩

姓氏筆畫數九

施俞柏韋柯侯姚段柴冒姜紀柳秋涂封況查皇宣風度肖南帥哀哈

姓氏筆畫數十

徐洪高唐夏倪孫袁秦翁栗席展祝耿殷馬凌奚桂花烏宮容晏剛祖時貢班芳芮晉留桑原修城姬師

註：「姬」在舊時計九畫，當代多以十畫計，任選其一即可。

姓氏筆畫數十一

張許范梁崔康胡曹邢麥章梅常符粘苗涂商苑茅茆
寇畢尉浦那習海戚區婁偕庹強敖紫胥鹿麻

姓氏筆畫數十二

黃黄曾邱阮童邵郃彭舒賀喬程傅項焦馮甯辜盛費
喻單覃屠荀荊勞閔雲富粟鈕景惠買森絲稊

註：異體字「黄」與「黃」為同字，皆以十二畫計，毋須扣減一畫。

姓氏筆畫數十三

楊游莊詹雷楚湯莫解裘斬塗湛賈虞郁農阿路渡雍
廉雋

姓氏筆畫數十四

廖溫溫連趙華齊裴郝熊管郎甄臧翟壽鳳溥臺慈郗
滕榮聞寧

註：①異體字「温」與「溫」為同字，皆以十四畫計毋須扣減一畫。
②「郎」亦有十三畫之說法，任選其一即可，毋須拘泥。

2 取名秘笈

姓氏筆畫數十五

劉 郭 歐 葉 葛 黎 董 萬 樂 樊 厲 談 魯 衛 褚 滿 虢 練 樓 盤 慕

姓氏筆畫數十六

陳 盧 潘 賴 陸 霍 穆 錢 鮑 陶 駱 閻 諸 諶 龍 蒲 戰 蒙 蓋 鄂 過 燕 機 錡 都

姓氏筆畫數十七

謝 蔡 蔣 鄒 韓 陽 隋 鍾 應 鄔 蔚 隆 戲 繆 鞠

姓氏筆畫數十八

顏 魏 戴 簡 蕭 闕 聶 儲 豐 鄢 鄞 瞿 濮

註：「蕭」有十七、十八、十九畫三種說法，建議以最大共識十八畫計。

姓氏筆畫數十九

鄭 鄧 薛 譚 龐 關 薄 遲

姓氏筆畫數二十

羅 鐘 嚴 藍 寶 釋 闞 寶 籃 繼 黨 覺

姓氏筆畫數廿一

顧 饒 鐵 瓏

姓氏筆畫數廿二

蘇 龔 藺 權 酈 邊 權

姓氏筆畫數廿三（姓名格局可參用十三畫姓氏）

蘭 欒

姓氏筆畫數廿六（姓名格局可參用十六畫姓氏）

酈

● 選擇自己喜歡的文字

本書精選適合為寶寶命名的文字，依《康熙字典》筆畫數列舉如下，提供父母們參酌選用。漢字雖然整體數量不少，但真正適合作為名字的相當有限，加以姓名學的限制下，想要配置文化良好且不易重複的名字，需要費點心思。

精選的理由：

1　文意正向或可以引申為正面意涵

2　教育部頒定之通行文字

3　有明確規範的讀音（破音字也能分辨該讀何音）

4　電腦系統可以正確顯示與列印

排除以下文字：

1　明顯負面意涵，或難以引申為正面意涵

2　生僻罕用與不通行的異體字

3　電腦系統顯示與列印有困難的文字

4　容易誤解為冠姓的文字

5　該字無義

6　破音字難以判定該讀何音

7　著名暴君、昏君、奸臣或貪官的名字

8　容易聯想為辱罵或不雅音韻的文字

9　文意顯然不適合作為名字的文字

名字筆畫數一

一乙

名字筆畫數二

乃又人力

名字筆畫數三

三才上久也于凡千士大小子山川

註：「才」編為手部，有部分學者認為應以四畫計，任選其一即可毋須拘泥。

名字筆畫數四

中之予云介今仁允元公兮化午升友及天太夫少尹
心文斗方日月丹木水

名字筆畫數五

五世主仕令以冉冬出加北可右左司台央立巧功巨
平幼弘必旦本正民永玄玉生用甲申由禾卉

註：「卉」在舊時以六畫計，為異體字且電腦無法顯示，今日多以五畫計。

名字筆畫數六

六丞西舟交亦仰仲任兆先光全行再冰印合吉同名
向在多好如妃存宇守安屹州帆年旭有朵百竹而自
至聿羽夙

名字筆畫數七

辰邑貝亨伯伶伸佐佑克初利助劭君吟呈吾均壯妙
妍孜孝宏岑希序延廷彤志成攸杉杏材村甫男秀良

見言谷

註：「姸」在舊時以九畫計為異體字「妍」，今日以正體字七畫計。

名字筆畫數八

采金秉侑艾亞享京佩佳侃來依其典青卓協雨和坤
奇奉孟季宗定宙宜尚居岡岱岳幸征忠念忻忱承政
放於旺旻昂昆昇昊昌明昀昕易朋東松枝長杰欣武
沁沐沛炎牧直知玖帛弦岩函

名字筆畫數九

九貞致芊芃衍亮亭俊保信俐香冠則前勁勇勉南厚
飛風咨咸品奎奐奕音姿威宣宥屏度建彥律思怡拓
星映春昭是昶昱省柏柔柱相河治泉泓法波泰泱泳
炫炬炯炳玠玫玟玥珏昀軍盈眉祈祉禹秋科紀約紅
虹美重

名字筆畫數十

十芳芷芸芯芹芙芝芬芮芽虔訓財迅軒修倍倫倩剛原哲城夏娜娟家容展峰峻峽師庭或恂恆恕恩恬恭拯持效旅晏時晉釗書朔校栩根格桂桃桐殷洋洛洲洸烈玲玳珈珊珍玹珂益真祖祚祐秩笑純紘納素耕耘耿肯育航舫般

名字筆畫數十一

貫訢迎近胤若英茂茉苡茁偉健乾凰卿唯啟國培基堂堅婉頂雪密尉專崇崢崑常康強彩彬得從御悅悉悌悟悠振挺敘敏教斌晨曼朗望梅梓梧梵浩海珞珠珣珩珮皎祥研章笙紫紳紹絃翎翊習邦埕

註:「研」在今日亦有九畫之說法,共識採十一畫。

名字筆畫數十二

詠詞評貴超越述迪量鈞開閎傑凱勝創勛博善喜喬

喻 堡 堯 婷 媚 媛 媞 富 寒 尋 惟 復 惠 順 捷 敦 斐 斯 景 晰 晴

晶 智 朝 期 雲 棟 棠 棣 森 植 棻 涵 淑 淨 淮 深 淳 清 添 淵 焜

然 為 雯 理 琇 雁 珺 雅 甯 雄 登 發 皓 盛 硯 程 竣 筆 筑 策 絢

絳 翔 能 舒 舜 喆

註：「詠」在舊時以十三畫計為異體字，今日多以十二畫論。

名字筆畫數十三

荷 莉 莘 裕 雋 詩 詮 詳 資 載 雍 郁 鈺 傳 勤 匯 園 圓 鼎 燉 馳

嵩 彙 愉 意 愛 揚 揮 新 暄 暐 暉 暖 楚 業 椿 歆 毓 港 湘 湛 湉

渼 湧 煌 煜 煥 照 煦 琛 琥 琨 琪 琬 琰 琳 琴 琦 頎 頌 當 盟 睦

祺 祿 稟 靖 敬 筠 筱 粲 經 群 義 聖 稚 農

名字筆畫數十四

維 綱 綸 緒 精 粹 綵 綺 綻 翠 翡 聞 閣 臺 舞 菊 華 菁 菲 萃 萌

菡 銘 銀 誌 誠 語 豪 賓 赫 輔 逢 通 連 郎 銓 齊 嘉 圖 壽 夢 嫣

實 寧 鳴 彰 愷 慎 鳳 慈 暢 榮 榕 魁 源 準 溪 溱 熏 爾 瑛 瑄 瑀

瑋 瑞 瑜 甄 睿 碩 碧 韶 禎 福 禔 禕 端 箏 與 熙 歌 肇

註：「緒」在舊時以十五畫計，今日多以十四畫論；「熙」在舊時以十三畫計，今日多以十四畫論。均任選其一即可，毋須拘泥。

名字筆畫數十五

箴 節 篁 範 緯 練 緻 翩 興 萬 萱 葉 葳 葵 蝶 衛 誼 諄 諍 諒 賜
賢 賦 輝 進 達 逸 鋒 陛 震 霄 霆 霈 儀 儉 增 墨 嬋 嬌 嫻 寬 嶔
徵 徹 德 慷 慧 慕 慶 廣 摯 黎 樂 標 毅 滿 漢 瑩 瑤 瑰 磊 劍

名字筆畫數十六

澄 澈 潤 澐 澔 潔 凝 熹 燕 燁 燈 瑾 璀 璇 璉 璋 磬 穎 穆 篤 縉
翰 臻 蓁 蓉 蓓 蒨 蒔 融 衡 謀 諭 諦 諾 諺 豫 運 道 達 錚 霖 靜
儒 冀 勳 叡 器 嬡 龍 學 寰 憲 廩 曄 曈 曉 樸 樺 樹 橋 樵 橙 機
默 冪 親 嶧

名字筆畫數十七

優 勵 嶸 嶺 嶼 嶽 黛 彌 徽 憶 應 懃 懇 懋 擎 澤 澳 燦 璟 璘 璞

璐鴻禪穗繁聯聰聲臨蓮蔚駿襄謙遙遠陽隆

名字筆畫數十八

曜曙濟濤濬爵璦璧環璨礎禮穠翼蕊蕎蕙謹豐適鎧
鎮鎰闓雙馥

名字筆畫數十九

攀櫟爍璿璽穩膺蕾薇薈薔麗證識贊麒遵選鏞鏡鏜
際韻韜韞鵬繪

名字筆畫數二十

嚴寶懷齡曦瀚瀟獻瓊礪競繽繼耀薰藍覺議譯邁馨
騰露

名字筆畫數廿一

巍櫻瓏藝譽鶯邇鶴顥驀儷

名字筆畫數廿二

儼 懿 權 歡 瓔 穰 藹 藻 蘊 鑄 鑑 霽 驊

名字筆畫數廿三

巖 纓 蘭 麟

● 帶入本書獨創的姓名格局

若您已經選好喜歡的文字，就可以直接進入自己姓氏適用的姓名格局，看看能否配置出優雅動聽的名字。

符合良好定義的姓名格局眾多，但有許多格局筆畫落差過大或不易配置文字，因此本書於每個姓氏精選十組實用格局提供參考選擇，各種格局的詳細定義可參閱第四章〈格局就是為名字設計風水〉一節。

部分姓氏因本身筆畫與五行的限制，並非所有類型的格局都能具備。此外，在配置名字時要特別注意以下事項：

1　姓氏（天格）不可更動

2　「名一」與「名二」文字不可顛倒使用或跨組交換

3　整體字形應有變化，避免字形重疊

4 整體音韻應有抑揚頓挫，避免音韻重疊

5 應思考文意而非一味拼湊公式

6 若您為複姓或雙姓，請參閱第四章說明另行配置

7 運用方法與參考範例如下：

動靜兼備型

	高 10	11 木
	晨 11	21 木
15 土	熙 14	25 土
	35 土	

* 說明：
「動靜兼備型」為格局類別
高為姓氏，查詢筆畫數為 10 不可更動
晨為「名一」，選擇筆畫數為 11 之文字
熙為「名二」，選擇筆畫數為 14 之文字
其餘細節請參閱第三章與第四章內容

姓氏筆畫數二適用格局

1 基礎穩健型

	○ 2	3 火
	○ 9	11 木
8 金	○ 7	16 土
	18 金	

2 基礎穩健型

	○ 2	3 火
	○ 4	6 土
13 火	○ 12	16 土
	18 金	

3 美滿如意型

	○ 2	3 火
	○ 13	15 土
11 木	○ 10	23 火
	25 土	

4 勉勵進取型

	○ 2	3 火
	○ 9	11 木
5 土	○ 4	13 火
	25 土	

5 勉勵進取型

	○ 2	3 火
	○ 9	11 木
15 土	○ 14	23 火
	25 土	

6 活力進取型

	○ 2	3 火
	○ 11	13 火
5 土	○ 4	15 土
	17 金	

7 領導動力型

	○ 2	3 火
	○ 11	13 火
11 木	○ 10	21 木
	23 火	

8 領導動力型

	○ 2	3 火
	○ 19	21 木
5 土	○ 4	23 火
	25 土	

9 領導動力型

	○ 2	3 火
	○ 9	11 木
13 火	○ 12	21 木
	23 火	

10 五行強化型

	○ 2	3 火
	○ 11	13 火
13 火	○ 12	23 火
	25 土	

姓氏筆畫數三適用格局

1 基礎穩健型

	◯ 3	4 火
	◯ 3	6 土
13 火	◯ 12	15 土

18 金

2 美滿如意型

	◯ 3	4 火
	◯ 3	6 土
11 木	◯ 10	13 火

16 土

3 活力順遂型

	◯ 3	4 火
	◯ 3	6 土
6 土	◯ 5	8 金

11 木

4 活力進取型

	◯ 3	4 火
	◯ 3	6 土
16 土	◯ 15	18 金

21 木

5 活力進取型

	◯ 3	4 火
	◯ 13	16 土
6 土	◯ 5	18 金

21 木

6 活力進取型

	◯ 3	4 火
	◯ 12	15 土
7 金	◯ 6	18 金

21 木

7 活力進取型

	○ 3	4 火
	○ 10	13 火
6 土	○ 5	15 土
	18 金	

8 勉勵進取型

	○ 3	4 火
	○ 8	11 木
6 土	○ 5	13 火
	16 土	

9 動靜兼備型

	○ 3	4 火
	○ 18	21 木
15 土	○ 14	32 木
	35 土	

10 動靜兼備型

	○ 3	4 火
	○ 20	23 火
13 火	○ 12	32 木
	35 土	

姓氏筆畫數四適用格局

1 穩健進取型

	○ 4	5 土
	○ 11	15 土
7 金	○ 6	17 金
	21 木	

2 穩健進取型

	○ 4	5 土
	○ 13	17 金
5 土	○ 4	17 金
	21 木	

3 穩健進取型

	○ 4	5 土
	○ 12	16 土
6 土	○ 5	17 金
	21 木	

4 美滿如意型

	○ 4	5 土
	○ 13	17 金
13 火	○ 12	25 土
	29 水	

5 活力進取型

	○ 4	5 土
	○ 9	13 火
13 火	○ 12	21 木
	25 土	

6 活力進取型

	○ 4	5 土
	○ 9	13 火
5 土	○ 4	13 火
	17 金	

7 勉勵進取型

	○ 4	5 土
	○ 9	13 火
17 金	○ 16	25 土
	29 水	

8 五行強化型

	○ 4	5 土
	○ 11	15 土
15 土	○ 14	25 土
	29 水	

9 領導動力型

	○ 4	5 土
	○ 13	17 金
17 金	○ 16	29 水
	33 火	

10 領導動力型

	○ 4	5 土
	○ 14	18 金
16 土	○ 15	29 水
	33 火	

姓氏筆畫數五適用格局

1 穩健進取型

		○ 5	6 土
		○ 11	16 土
8 金		○ 7	18 金
		23 火	

2 穩健進取型

		○ 5	6 土
		○ 12	17 金
7 金		○ 6	18 金
		23 火	

3 穩健進取型

		○ 5	6 土
		○ 13	18 金
6 土		○ 5	18 金
		23 火	

4 美滿如意型

		○ 5	6 土
		○ 12	17 金
5 土		○ 4	16 土
		21 木	

5 活力進取型

		○ 5	6 土
		○ 10	15 土
15 土		○ 14	24 火
		29 水	

6 活力進取型

		○ 5	6 土
		○ 8	13 火
6 土		○ 5	13 火
		18 金	

7 領導動力型

	○ 5	6 土
	○ 8	13 火
17 金	○ 16	24 火
	29 水	

8 領導動力型

	○ 5	6 土
	○ 18	23 火
7 金	○ 6	24 火
	29 水	

9 五行強化型

	○ 5	6 土
	○ 10	15 土
7 金	○ 6	16 土
	21 木	

10 五行強化型

	○ 5	6 土
	○ 11	16 土
6 土	○ 5	16 土
	21 木	

姓氏筆畫數六適用格局

1 基礎穩健型

		7 金
	○ 6	7 金
	○ 9	15 土
17 金	○ 16	25 土
	31 木	

2 基礎穩健型

		7 金
	○ 6	7 金
	○ 10	16 土
16 土	○ 15	25 土
	31 木	

3 穩健進取型

		7 金
	○ 6	7 金
	○ 10	16 土
6 土	○ 5	15 土
	21 木	

4 穩健進取型

		7 金
	○ 6	7 金
	○ 11	17 金
5 土	○ 4	15 土
	21 木	

5 勉勵進取型

		7 金
	○ 6	7 金
	○ 10	16 土
8 金	○ 7	17 金
	23 火	

6 動靜兼備型

		7 金
	○ 6	7 金
	○ 12	18 金
18 金	○ 17	29 水
	35 土	

2 取名秘笈

7 領導動力型

	○ 6	7 金
	○ 9	15 土
15 土	○ 14	23 火
	29 水	

8 領導動力型

	○ 6	7 金
	○ 19	25 土
5 土	○ 4	23 火
	29 水	

9 五行強化型

	○ 6	7 金
	○ 11	17 金
8 金	○ 7	18 金
	24 火	

10 五行強化型

	○ 6	7 金
	○ 11	17 金
7 金	○ 6	17 金
	23 火	

姓氏筆畫數七適用格局

1 基礎穩健型

	○ 7	8 金
	○ 9	16 土
17 金	○ 16	25 土
	32 木	

2 基礎穩健型

	○ 7	8 金
	○ 8	15 土
18 金	○ 17	25 土
	32 木	

3 基礎穩健型

	○ 7	8 金
	○ 10	17 金
16 土	○ 15	25 土
	32 木	

4 基礎穩健型

	○ 7	8 金
	○ 11	18 金
15 土	○ 14	25 土
	32 木	

5 穩健進取型

	○ 7	8 金
	○ 10	17 金
7 金	○ 6	16 土
	23 火	

6 勉勵進取型

	○ 7	8 金
	○ 8	15 土
11 木	○ 10	18 金
	25 土	

7 活力順遂型

	○ 7	8 金
	○ 9	16 土
16 土	○ 15	24 火
	31 木	

8 活力順遂型

	○ 7	8 金
	○ 8	15 土
17 金	○ 16	24 火
	31 木	

9 活力順遂型

	○ 7	8 金
	○ 18	25 土
7 金	○ 6	24 火
	31 木	

10 五行強化型

	○ 7	8 金
	○ 11	18 金
7 金	○ 6	17 金
	24 火	

姓氏筆畫數八適用格局

1 活力順遂型

	○8	9 水
	○9	17 金
8 金	○7	16 土
	24 火	

2 活力順遂型

	○8	9 水
	○10	18 金
7 金	○6	16 土
	24 火	

3 活力進取型

	○8	9 水
	○9	17 金
7 金	○6	15 土
	23 火	

4 活力進取型

	○8	9 水
	○10	18 金
6 土	○5	15 土
	23 火	

5 活力進取型

	○8	9 水
	○9	17 金
17 金	○16	25 土
	33 火	

6 活力進取型

	○8	9 水
	○10	18 金
16 土	○15	25 土
	33 火	

7 穩健進取型

	○8	9 水
	○3	11 木
13 火	○12	15 土
	23 火	

8 領導動力型

	○8	9 水
	○13	21 木
11 木	○10	23 火
	31 木	

9 領導動力型

	○8	9 水
	○13	21 木
13 火	○12	25 土
	33 火	

10 領導動力型

	○8	9 水
	○13	21 木
17 金	○16	29 水
	37 金	

姓氏筆畫數九適用格局

1 基礎穩健型

	○ 9	10 水
	○ 2	11 木
15 土	○ 14	16 土
	25 土	

2 穩健進取型

	○ 9	10 水
	○ 12	21 木
5 土	○ 4	16 土
	25 土	

3 活力順遂型

	○ 9	10 水
	○ 9	18 金
7 金	○ 6	15 土
	24 火	

4 活力順遂型

	○ 9	10 水
	○ 8	17 金
8 金	○ 7	15 土
	24 火	

5 活力順遂型

	○ 9	10 水
	○ 9	18 金
8 金	○ 7	16 土
	25 土	

6 領導動力型

	○ 9	10 水
	○ 12	21 木
21 木	○ 20	32 木
	41 木	

7 領導動力型

	◯ 9	10 水
	◯ 12	21 木
13 火	◯ 12	24 火
	33 火	

8 領導動力型

	◯ 9	10 水
	◯ 20	29 水
13 火	◯ 12	32 木
	41 木	

9 安定守成型

	◯ 9	10 水
	◯ 6	15 土
18 金	◯ 17	23 火
	32 木	

10 安定守成型

	◯ 9	10 水
	◯ 6	15 土
11 木	◯ 10	16 土
	25 土	

姓氏筆畫數十適用格局

1 美滿如意型

	○ 10	11 木
	○ 14	24 火
18 金	○ 17	31 木
	41 木	

2 美滿如意型

	○ 10	11 木
	○ 14	24 火
8 金	○ 7	21 木
	31 木	

3 活力順遂型

	○ 10	11 木
	○ 3	13 火
13 火	○ 12	15 土
	25 土	

4 穩健進取型

	○ 10	11 木
	○ 11	21 木
5 土	○ 4	15 土
	25 土	

5 動靜兼備型

	○ 10	11 木
	○ 13	23 火
13 火	○ 12	25 土
	35 土	

6 動靜兼備型

	○ 10	11 木
	○ 11	21 木
15 土	○ 14	25 土
	35 土	

7 領導動力型

	○ 10	11 木
	○ 11	21 木
13 火	○ 12	23 火
	33 火	

8 領導動力型

	○ 10	11 木
	○ 13	23 火
11 木	○ 10	23 火
	33 火	

9 五行強化型

	○ 10	11 木
	○ 11	21 木
11 木	○ 10	21 木
	31 木	

10 五行強化型

	○ 10	11 木
	○ 11	21 木
21 木	○ 20	31 木
	41 木	

姓氏筆畫數十一適用格局

1 活力進取型

	○ 11	12 木
	○ 20	31 木
5 土	○ 4	24 火
	35 土	

2 基礎穩健型

	○ 11	12 木
	○ 20	31 木
7 金	○ 6	26 土
	37 金	

3 動靜兼備型

	○ 11	12 木
	○ 10	21 木
15 土	○ 14	24 火
	35 土	

4 穩健進取型

	○ 11	12 木
	○ 10	21 木
17 金	○ 16	26 土
	37 金	

5 動靜兼備型

	○ 11	12 木
	○ 12	23 火
13 火	○ 12	24 火
	35 土	

6 活力進取型

	○ 11	12 木
	○ 12	23 火
15 土	○ 14	26 土
	37 金	

7 五行強化型

		○ 11	12 木
		○ 21	32 木
11 木		○ 10	31 木
		42 木	

8 安定守成型

		○ 11	12 木
		○ 4	15 土
15 土		○ 14	18 金
		29 水	

9 安定守成型

		○ 11	12 木
		○ 4	15 土
21 木		○ 20	24 火
		35 土	

10 安定守成型

		○ 11	12 木
		○ 14	25 土
11 木		○ 10	24 火
		35 土	

姓氏筆畫數十二適用格局

1 基礎穩健型

		〇 12	13 火
		〇 13	25 土
13 火		〇 12	25 土
		37 金	

2 美滿如意型

		〇 12	13 火
		〇 13	25 土
11 木		〇 10	23 火
		35 土	

3 穩健進取型

		〇 12	13 火
		〇 9	21 木
17 金		〇 16	25 土
		37 金	

2 活力進取型

		〇 12	13 火
		〇 13	25 土
5 土		〇 4	17 金
		29 水	

5 勉勵進取型

		〇 12	13 火
		〇 9	21 木
5 土		〇 4	13 火
		25 土	

6 動靜兼備型

		〇 12	13 火
		〇 9	21 木
15 土		〇 14	23 火
		35 土	

7 領導動力型

	◯ 12	13 火
	◯ 9	21 木
13 火	◯ 12	21 木
	33 火	

8 領導動力型

	◯ 12	13 火
	◯ 11	23 火
15 土	◯ 14	25 土
	37 金	

9 領導動力型

	◯ 12	13 火
	◯ 11	23 火
11 木	◯ 10	21 木
	33 火	

10 五行強化型

	◯ 12	13 火
	◯ 11	23 火
13 火	◯ 12	23 火
	35 土	

姓氏筆畫數十三適用格局

1 美滿如意型

	○ 13	14 火
	○ 12	25 土
13 火	○ 12	24 火
	37 金	

2 穩健進取型

	○ 13	14 火
	○ 12	25 土
5 土	○ 4	16 土
	29 水	

3 活力順遂型

	○ 13	14 火
	○ 12	25 土
7 金	○ 6	18 金
	31 木	

4 活力順遂型

	○ 13	14 火
	○ 3	16 土
16 土	○ 15	18 金
	31 木	

5 勉勵進取型

	○ 13	14 火
	○ 18	31 木
7 金	○ 6	24 火
	37 金	

6 領導動力型

	○ 13	14 火
	○ 8	21 木
17 金	○ 16	24 火
	37 金	

7 領導動力型

	◯ 13	14 火
	◯ 11	24 火
6 土	◯ 5	16 土
	29 水	

8 領導動力型

	◯ 13	14 火
	◯ 10	23 火
7 金	◯ 6	16 土
	29 水	

9 五行強化型

	◯ 13	14 火
	◯ 10	23 火
15 土	◯ 14	24 火
	37 金	

10 五行強化型

	◯ 13	14 火
	◯ 20	33 火
5 土	◯ 4	24 火
	37 金	

姓氏筆畫數十四適用格局

1 基礎穩健型

		○ 14	15 土
		○ 3	17 金
16 土		○ 15	18 金
		32 木	

2 基礎穩健型

		○ 14	15 土
		○ 11	25 土
8 金		○ 7	18 金
		32 木	

3 美滿如意型

		○ 14	15 土
		○ 3	17 金
13 火		○ 12	15 土
		29 水	

4 動靜兼備型

		○ 14	15 土
		○ 9	23 火
13 火		○ 12	21 木
		35 土	

5 勉勵進取型

		○ 14	15 土
		○ 10	24 火
16 土		○ 15	25 土
		39 水	

6 勉勵進取型

		○ 14	15 土
		○ 10	24 火
6 土		○ 5	15 土
		29 水	

7 領導動力型

		○ 14	15 土
		○ 9	23 火
17 金		○ 16	25 土
		39 水	

8 領導動力型

		○ 14	15 土
		○ 9	23 火
7 金		○ 6	15 土
		29 水	

9 五行強化型

		○ 14	15 土
		○ 11	25 土
15 土		○ 14	25 土
		39 水	

10 五行強化型

		○ 14	15 土
		○ 11	25 土
5 土		○ 4	15 土
		29 水	

姓氏筆畫數十五適用格局

1 基礎穩健型

	○ 15	16 土
	○ 3	18 金
15 土	○ 14	17 金
	32 木	

2 基礎穩健型

	○ 15	16 土
	○ 10	25 土
8 金	○ 7	17 金
	32 木	

3 勉勵進取型

	○ 15	16 土
	○ 9	24 火
8 金	○ 7	16 土
	31 木	

4 穩健進取型

	○ 15	16 土
	○ 10	25 土
15 土	○ 14	24 火
	39 水	

5 動靜兼備型

	○ 15	16 土
	○ 20	35 土
5 土	○ 4	24 火
	39 水	

6 領導動力型

	○ 15	16 土
	○ 9	24 火
16 土	○ 15	24 火
	39 水	

7 領導動力型

	○ 15	16 土
	○ 8	23 火
17 金	○ 16	24 火
	39 水	

8 領導動力型

	○ 15	16 土
	○ 18	33 火
7 金	○ 6	24 火
	39 水	

9 領導動力型

	○ 15	16 土
	○ 18	33 火
16 土	○ 15	33 火
	48 金	

10 五行強化型

	○ 15	16 土
	○ 10	25 土
7 金	○ 6	16 土
	31 木	

姓氏筆畫數十六適用格局

1 基礎穩健型

	○ 16	17 金
	○ 9	25 土
8 金	○ 7	16 土
	32 木	

2 基礎穩健型

	○ 16	17 金
	○ 9	25 土
7 金	○ 6	15 土
	31 木	

3 基礎穩健型

	○ 16	17 金
	○ 9	25 土
17 金	○ 16	25 土
	41 木	

4 基礎穩健型

	○ 16	17 金
	○ 19	35 土
7 金	○ 6	25 土
	41 木	

5 活力進取型

	○ 16	17 金
	○ 9	25 土
5 土	○ 4	13 火
	29 水	

6 動靜兼備型

	○ 16	17 金
	○ 19	35 土
5 土	○ 4	23 火
	39 水	

7 領導動力型

	○ 16	17 金
	○ 13	29 水
5 土	○ 4	17 金
	33 火	

8 領導動力型

	○ 16	17 金
	○ 9	25 土
15 土	○ 14	23 火
	39 水	

9 領導動力型

	○ 16	17 金
	○ 13	29 水
17 金	○ 16	29 水
	45 土	

10 五行強化型

	○ 16	17 金
	○ 2	18 金
16 土	○ 15	17 金
	33 火	

姓氏筆畫數十七適用格局

1 基礎穩健型

	○ 17	18 金
	○ 8	25 土
8 金	○ 7	15 土
	32 木	

2 基礎穩健型

	○ 17	18 金
	○ 8	25 土
18 金	○ 17	25 土
	42 木	

3 基礎穩健型

	○ 17	18 金
	○ 9	26 土
7 金	○ 6	15 土
	32 木	

4 基礎穩健型

	○ 17	18 金
	○ 20	37 金
16 土	○ 15	35 土
	52 木	

5 活力順遂型

	○ 17	18 金
	○ 8	25 土
17 金	○ 16	24 火
	41 木	

6 活力順遂型

	○ 17	18 金
	○ 18	35 土
7 金	○ 6	24 火
	41 木	

7 活力順遂型

		◯ 17	18 金
		◯ 9	26 土
16 土		◯ 15	24 火
		41 木	

8 勉勵進取型

		◯ 17	18 金
		◯ 8	25 土
11 木		◯ 10	18 金
		35 土	

9 動靜兼備型

		◯ 17	18 金
		◯ 12	29 水
7 金		◯ 6	18 金
		35 土	

10 穩健進取型

		◯ 17	18 金
		◯ 9	26 土
8 金		◯ 7	16 土
		33 火	

姓氏筆畫數十八適用格局

1 美滿如意型

		○ 18	19 水
		○ 14	32 木
16 土		○ 15	29 水
		47 金	

2 美滿如意型

		○ 18	19 水
		○ 13	31 木
17 金		○ 16	29 水
		47 金	

3 活力進取型

		○ 18	19 水
		○ 13	31 木
11 木		○ 10	23 火
		41 木	

4 活力進取型

		○ 18	19 水
		○ 3	21 木
11 木		○ 10	13 火
		31 木	

5 勉勵進取型

		○ 18	19 水
		○ 19	37 金
11 木		○ 10	29 水
		47 金	

6 動靜兼備型

		○ 18	19 水
		○ 11	29 水
7 金		○ 6	17 金
		35 土	

7 領導動力型

	○ 18	19 水
	○ 14	32 木
8 金	○ 7	21 木
	39 水	

8 領導動力型

	○ 18	19 水
	○ 11	29 水
11 木	○ 10	21 木
	39 水	

9 安定守成型

	○ 18	19 水
	○ 7	25 土
11 木	○ 10	17 金
	35 土	

10 安定守成型

	○ 18	19 水
	○ 7	25 土
7 金	○ 6	13 火
	31 木	

姓氏筆畫數十九適用格局

1 基礎穩健型

	○ 19	20 水
	○ 12	31 木
5 土	○ 4	16 土
	35 土	

2 動靜兼備型

	○ 19	20 水
	○ 2	21 木
15 土	○ 14	16 土
	35 土	

3 美滿如意型

	○ 19	20 水
	○ 12	31 木
18 金	○ 17	29 水
	48 金	

4 美滿如意型

	○ 19	20 水
	○ 22	41 木
8 金	○ 7	29 水
	48 金	

5 美滿如意型

	○ 19	20 水
	○ 13	32 木
17 金	○ 16	29 水
	48 金	

6 活力進取型

	○ 19	20 水
	○ 8	27 金
11 木	○ 10	18 金
	37 金	

7 活力進取型

	◯ 19	20 水
	◯ 13	32 木
11 木	◯ 10	23 火
	42 木	

8 領導動力型

	◯ 19	20 水
	◯ 13	32 木
21 木	◯ 20	33 火
	52 木	

9 安定守成型

	◯ 19	20 水
	◯ 6	25 土
11 木	◯ 10	16 土
	35 土	

10 安定守成型

	◯ 19	20 水
	◯ 6	25 土
8 金	◯ 7	13 火
	32 木	

姓氏筆畫數二十適用格局

1 基礎穩健型

	○ 20	21 木
	○ 11	31 木
5 土	○ 4	15 土
	35 土	

2 基礎穩健型

	○ 20	21 木
	○ 11	31 木
15 土	○ 14	25 土
	45 土	

3 美滿如意型

	○ 20	21 木
	○ 4	24 火
8 金	○ 7	11 木
	31 木	

4 美滿如意型

	○ 20	21 木
	○ 4	24 火
18 金	○ 17	21 木
	41 木	

5 活力進取型

	○ 20	21 木
	○ 13	33 火
13 火	○ 12	25 土
	45 土	

6 動靜兼備型

	○ 20	21 木
	○ 3	23 火
13 火	○ 12	15 土
	35 土	

7 領導動力型

	○ 20	21 木
	○ 3	23 火
11 木	○ 10	13 火
	33 火	

8 領導動力型

	○ 20	21 木
	○ 9	29 水
13 火	○ 12	21 木
	41 木	

9 五行強化型

	○ 20	21 木
	○ 11	31 木
11 木	○ 10	21 木
	41 木	

10 五行強化型

	○ 20	21 木
	○ 12	32 木
21 木	○ 20	32 木
	52 木	

姓氏筆畫數廿一適用格局

1 基礎穩健型

	○ 21	22 木
	○ 10	31 木
7 金	○ 6	16 土
	37 金	

2 基礎穩健型

	○ 21	22 木
	○ 10	31 木
17 金	○ 16	26 土
	47 金	

3 活力順遂型

	○ 21	22 木
	○ 10	31 木
15 土	○ 14	24 火
	45 土	

4 活力順遂型

	○ 21	22 木
	○ 20	41 木
5 土	○ 4	24 火
	45 土	

5 活力進取型

	○ 21	22 木
	○ 12	33 火
5 土	○ 4	16 土
	37 金	

6 活力進取型

	○ 21	22 木
	○ 2	23 火
15 土	○ 14	16 土
	37 金	

7 活力進取型

	○ 21	22 木
	○ 12	33 火
15 土	○ 14	26 土
	47 金	

8 領導動力型

	○ 21	22 木
	○ 8	29 水
11 木	○ 10	18 金
	39 水	

9 領導動力型

	○ 21	22 木
	○ 12	33 火
13 火	○ 12	24 火
	45 土	

10 五行強化型

	○ 21	22 木
	○ 11	32 木
21 木	○ 20	31 木
	52 木	

姓氏筆畫數廿二適用格局

1 美滿如意型

	○ 22	23 火
	○ 3	25 土
11 木	○ 10	13 火
	35 土	

2 美滿如意型

	○ 22	23 火
	○ 13	35 土
11 木	○ 10	23 火
	45 土	

3 基礎穩健型

	○ 22	23 火
	○ 3	25 土
13 火	○ 12	15 土
	37 金	

4 基礎穩健型

	○ 22	23 火
	○ 13	35 土
13 火	○ 12	25 土
	47 金	

5 基礎穩健型

	○ 22	23 火
	○ 9	31 木
7 金	○ 6	15 土
	37 金	

6 基礎穩健型

	○ 22	23 火
	○ 9	31 木
17 金	○ 16	25 土
	47 金	

7 動靜兼備型

	○ 22	23 火
	○ 13	35 土
5 土	○ 4	17 金
	39 水	

8 勉勵進取型

	○ 22	23 火
	○ 9	31 木
15 土	○ 14	23 火
	45 土	

9 領導動力型

	○ 22	23 火
	○ 11	33 火
5 土	○ 4	15 土
	37 金	

10 領導動力型

	○ 22	23 火
	○ 11	33 火
15 土	○ 14	25 土
	47 金	

●用「星光大道」的模式選出冠軍寶寶

相信各位對《星光大道》或類似選秀節目一點也不陌生，從海選到複賽，一關關總是要淘汰掉不少選手，特別是在總決賽的那一刻，脫穎而出登上舞台者必定竭盡所能展現風華，而坐在台下的導師與評審也天人交戰難以抉擇，每一位角逐者都是一時之選，如何選出總冠軍的場景您應當記憶猶新。

那麼，取名能否也用這個模式來進行呢？當然可以，而且以筆者實際命名的經驗來說，必定能以最客觀且最快速的方式選出您的冠軍寶寶。

海選

不論您是否採用命理方式取名，選字就如同海選一樣，從眾多文字中挑選喜歡的風格、音韻或期望的寓意。而我提供的秘笈不同於

《康熙字典》或一般姓名學書籍——即只將文字依筆畫數全部列出，不考慮是否適合作為名字使用。本書已先為您排除不適合的文字，雖遺珠之憾也在所難免，但父母們可先由秘笈中挑選若干中意的文字，採命理方式者請依據姓名格局配置，若不考慮姓名學就完全以自己的觀感來排列最優雅動聽的名字。

複賽

若您選擇的文字夠多，那麼不論是否依據姓名格局來搭配，都可能產生許多複賽名單，將獲選的寶寶名字排列出來，逐一比較。您不用在一天內就完成這項工作，畢竟今天的感覺未必與明天相同，若想挑選更精進的名單，您還是得花些功夫閱讀後續兩章再加以調整。最後，從所有複賽者中挑選五至八位最滿意的選手，將名單放大書寫或列印出來，可以單獨寫在書籤上、或一起書寫在海報紙上作為總決賽名單，看起來清楚顯目即可。

總決賽

這是最重要的時刻，父母以導師的身分列席，若您的長輩或親友想參加也很歡迎，但請注意他們的身分是觀眾而非導師，可以提出意見，但不能干預導師的決定。將總決賽的名單貼在牆上或放置在桌上皆可，然後開始進行選拔與評分。為了有一個公正客觀的標準，以下是我實際命名會採用的模式，供您參考。

①親人的呼喚

試著以生活中呼喚寶寶的方式來判斷，例如：

　　○○，吃飽了嗎？

　　○○，走，我們出門啦！

　　○○，考得怎麼樣？成績單拿來看看！

　　○○○！你皮在癢了嗎？（生氣時可能會連名帶姓叫）

體會一下哪一個名字最符合您生活中的感覺，當然心中要想像寶寶的模樣，而非只是形式上的呼喚。您會發現每位選手單獨看都很不錯，放在一起比較就有差別了。替每位選手心中默默打個分數（只取前三名，第一名給 3 顆星、第二名給 2 顆星、第三名給 1 顆星；以下比照此法），可以拿筆記下，但先不要說出來。

②公眾的稱呼

寶寶將來上學了，出社會了，別人會稱呼全名，例如：

○○○同學，請到校長室！

○○○先生，您好！

○○○律師專精於著作權法！

○○○醫師在醫美領域頗具名氣！

心中想像寶寶將來長大後的模樣，以及別人會如何稱呼他，自然有另一番體會。同一個名字，從兒時到成人的感覺會很不一樣，這時

也替每位選手在心中默默打個分數，但同樣先不要說出來。

③替寶寶簽名

名字不簽怎能感覺氣勢呢？雖然現代用打字的機會遠比寫字多，但如果是位居要職者，一天下來要簽署的文件可能不知凡幾，因此為人父母者也要替寶寶簽名看看，您可以參考以下標準來評分。

　　　　　○○○筆畫是否流暢

　　　　　○○○字形是否優雅

　　　　　○○○結構是否協調

當然主觀因素占很大比例，有人喜歡筆畫如王羲之的瀟灑飄逸，有人喜歡字形如顏真卿的端正穩重，也有人喜歡結構如歐陽詢的險峻挺拔。請記得橫式與直式、正楷與簽名體都簽看看，我在實際取名時多半會親自示範。您在實際書寫後，也請在這個項目替每位選手打個分數。

2　取名秘笈

④名字的風格與類型

不論是古典風或現代風，不論是畫面型或心境型，這屬於父母的主觀考量，為總決賽的選手打個分數，選出前三名。

⑤名字的期望與寓意

不論是使命必達，或學問精湛乃至人品高潔，選擇您希望賦予寶寶的期望與寓意，也為總決賽的選手打個分數，選出前三名。

上述五項評分標準，父母作為導師不分主副同樣重要，若有長輩與親友參與投票可以提供參考；若您比較在意他們的意見，可以給予不超過三成的權重合併計算。加總計分後看哪位選手獲得最多星星，那就是您的冠軍寶寶！

3

取個好名字
還需要講究哪些事

本章要討論的內容在一般姓名學書籍中甚少提及，卻是您取名時可能面臨而不知如何處理、或者會考慮到的方向，其中涵蓋了規範、禮儀、文化與習俗等層面。筆者根據實際與父母們互動的經驗，以及父母們的常見問題，將您或可留意的細節整理如下。

● 避用長輩的名諱

避諱是華人社會的特有傳統，但受中華文化影響的國家並未強行規範。像在日本有名望的家族，晚輩若能傳承長輩的名字，將是莫大的榮耀。例如江戶幕府第一代將軍德川家康，他的繼任者德川秀忠未能獲得「家」字輩的傳承，但孫子德川家光與曾孫德川家綱都以能使用「家」字為榮，這兩位也就是第三代與第四代幕府將軍。

至於中國歷代都有明確的避諱傳統，百姓不能以皇帝名字的用字來取名，子孫也不可使用尊長之名的用字。新皇帝登基了，百姓的名字若有跟皇帝一樣的字，要馬上改名，書寫文章也得避用，否則輕

者處以勞役或罰款，重則可能掉了腦袋。歷史上就曾記載康熙年間科舉，有位考生的文章因為寫到「玄」字，並未避開康熙之名「玄燁」，主考官就將原本該獲狀元的考生給打了個落第；後來康熙發現此事反而責怪主考官，若有賢才怎不舉用，替他把玄字遮掉便是。

另一個就要提到嘉慶這位皇帝，因他老兄性情仁厚，為了體恤天下臣民，在他登基時反而將自己的名字「永琰」改成近音的罕用字「顒琰」，不然「永」如此常用的字要避諱下去那還得了！嘉慶也正因為天性的仁德，獲得了仁宗的廟號。

撇開王公貴族不說，尋常百姓也是一樣的傳統。子女不能用父母名字的字，當然祖父母之名也得避開。有此傳統是因為晚輩不能對尊長直呼其名，若名字帶有尊長的字，豈不等於直呼尊長之名？那可就違反倫理了。至於要避諱到什麼程度，我歸納為以下符合長幼有序的原則，基於每個家庭的背景與觀念不同而沒有絕對的標準，您取用適當的原則即可。

三代內的直系尊長應避諱

寶寶的父母與爺爺奶奶、外公外婆應避諱，不用去翻祖譜看歷代祖先的名字，取名能用的字本就有限，翻閱祖譜只是徒增困擾。而寶寶三代之內的直系尊長，由於此生通常都見過面，不論在世與否都應避諱。

至於避諱是否連同音字都要避用呢？由於中文一音多字，例如「成」字就有丞、城、程、承、呈、澄、誠等同音字，若尊長名字有「成」字，上述字都得避開便也太難取名了。因此同字必須避用，同音字則不算沖犯名諱；但若有其他更好選擇，不妨就也避用同音字，以免罣礙。

父母的親兄弟姊妹宜避諱

寶寶的親伯伯、叔叔或姑姑，以及母舅與阿姨，這些親人與寶寶非

常親近，甚至有些家庭會將自己親兄弟姊妹的孩子視為一家人，因此也避諱為宜。同音字是否忌諱，則比照上述說明。

遠親或姻親沒有避諱的義務

我時常見到這樣的例子，父母已經選好喜歡的名字卻遭長輩反對，其中緣由就有名字的用字與某位遠房親戚相同。但事實上父母本身完全不認識這位遠房親戚，更別說熟不熟悉了，如此又何須避諱？避諱是出於尊重而非沖剋長輩，對自己的尊親屬與親兄弟姊妹尊重也就夠了。

您可能會想到，那大嫂、弟媳或姊夫等姻親需要避諱嗎？其實不需要，若他們是在寶寶出生後才加入家庭，萬一寶寶的名字跟他們有相同用字，難道寶寶要去改名嗎？以此理由未免矯枉過正。但基於倫理之道，若寶寶出生時已有上述姻親，在取名時主動避諱是出於尊重，對日後才加入的姻親則無避諱的義務，至於其他遠房親戚或

未有往來的親戚，則根本無需忌諱。

例外情況

若您真的很喜歡某個名字，但與親人的名字有相同用字時，又該如何呢？最常見的就是父母自己的堂兄弟姊妹或表兄弟姊妹這類，這就要看您與他們的親近程度了。若情同親兄弟姊妹自然比照辦理，若與他們不熟悉則無需忌諱。

還有一種情況是獲得當事人的同意或肯定，即便選用了長輩名字的用字也沒有問題。既然當事人都肯定了，其他人就不需要再說三道四反對。

但即使如此，還是避免選用直系尊親屬的名字用字為宜；至於平輩間則沒有避諱的問題，寶寶的同輩皆可共用文字。

● 輩分字是否要遵循

在傳統禮法制度下，輩分具有重要意義。以往幾乎每個家族都有自己的輩分傳承，當代多數家庭則不再依輩分字取名，但仍有部分家庭會遵循這個傳統。我在取名時常接觸到長輩嚴格規定必須採用輩分字的情形，那麼所謂的輩分字到底要不要遵循呢？以下就先來了解古人為什麼要替名字制定輩分。

首先，以前每家每戶都會生很多孩子，一方面是為了獲得更多勞動力，另一方面是醫療衛生落後導致人口死亡或夭折的機率也不低；於此前提下，一對夫妻生十個八個孩子也不奇怪。而既然生了那麼多孩子，若不在名字上定一個字為標準，將來怎知這是誰家的孩子呢？

其次，古時交通不便通訊也不發達，這些孩子將來長大開枝散葉出去，他們的子孫要如何辨別自己是哪一個家族的哪一代？有了輩分

用字作為識別，才能知道彼此的出身。基於這樣的背景，為自己的家族定輩分用字也就順理成章。

由此可見，名字中的輩分字屬於縱向的傳承，同一輩人因結婚生子的年齡不同，導致有些家族某人明明年紀比較大，卻要叫年紀小的人叔叔或阿姨，就是輩分顯現的特徵。

關於輩分用字制定的方法有以下兩種模式，您的家族若有輩分用字的傳統，必定是其中之一。

其一是以詩詞或格言為準，一代傳一字，由當時家族最具名望的人來制定，例如清末倡導「中學為體，西學為用」的洋務派名臣張之洞，就為後代子孫寫了一首五言絕句作為輩分傳承：

仁厚遵家法　忠良報國恩
通經為世用　明道守儒珍

其二則是選取若干正面文意的字來串聯，例如孔子的第 76 代孔令貽在「揚」字輩下，又接續了建、道、敦、安、定、懋、修、肇、益、常等字，這些文字之間就沒有如詩詞一樣的聯繫。

通常背景顯赫的家族會比較重視輩分傳承，將其視為榮耀而嚴格遵循，我曾接觸過許多名臣武將的後代取名時會有這樣的規定。至於平常人家就看長輩的意見，若長輩不堅持，當然可以不必受輩分字拘束，由父母自由發揮。但若長輩堅持使用輩分字，則建議您斟酌以下情況再決定是否遵循。

避免造成諧音不雅或負面意涵

輩分字固然用意良善，例如簡姓家族以一句格言「詩書傳家」作為輩分傳承，如考慮到姓氏，或許會造成麻煩。若以「簡詩」取名，豈不成了「撿屍」的諧音了嗎？這情況下還堅持輩分用字就不妥當了。還有一種情況是字義不當，例如一句名言「莫忘初衷」，若寶

寶排到「忘」字輩，真不知後面該取哪個字了！若您的家族有依照輩分的傳統，請先考慮上述因素再決定是否選用輩分字。

避免造成音韻拐口不易呼喚

有時輩分字會與姓氏疊音或撞音，例如江姓排到「將」字輩、吳姓排到「無」字輩、費姓排到「非」字輩、呂姓排到「宇」字輩……等等。於此情況下，若還堅持使用輩分字，就不甚恰當了。

合不合姓名學是次要因素，甚至可以忽略

有些老師會以輩分字不合筆畫或生肖等理由，來建議甚至恐嚇父母要另外取名。但以這類理由來反對家族的傳統，是不道德的行為。若家族有輩分字傳統，且整體字意音韻良好，命理工作者就應將此因素視為天運，如同「天格不論吉凶」的道理來命名。以姓名學套路來反對家族的優良傳統，在我看來是傷天害理的行徑。若您在取

名時有輩分字是否選用的困擾，以上說明可作為參考。

● 取名是父母的職權

年長者常習慣將「我吃過的鹽，比你吃過的米還多」這話掛在嘴邊，在老一輩的眼中，即便您已結婚生子事業有成，他仍將您看作孩子般，即使在為寶寶取名時也不例外。許多家庭深受長輩干預的困擾，根據我多年取名經驗的客觀統計，目前仍有一至兩成的家庭，長輩會介入甚至剝奪為人父母者為寶寶命名的權力。理由不外乎擔心爸媽們不懂名字怎麼取、取壞了會讓寶貝孫子人生不如意，所以要由長輩來取才行。即便不干預，但會提出意見或碎碎念的也有近半數之多。那麼到底長輩該不該參與取名？我們也來做以下分析。

教養子女的職權，在父母而非長輩

除非做父母的自己都對取名這事不上心，那才需要長輩來操心，不

然沒有哪對夫妻不希望為寶寶取個優雅動聽又有意涵的名字。取名除了代表一種期望，更是為人父母者為孩子做的第一件事，如讓長輩剝奪何其殘忍，教養孩子的職權可是在於父母自己啊。我常在課程中對學員們說，若您連替寶寶取名的權利都被剝奪了，那將來教養孩子的義務也交給祖父母就好。

再者就傳統禮儀來說，能行三跪九叩之禮的只有對父母而非對祖父母，這也說明了親生父母的地位是無可替代的，做長輩的實在不應過度介入才是。

長輩的觀念可能跟不上時代進步的速度

拜科技突飛猛進之賜，時代進步的速度往往已超出老一輩人的想像。工業革命前，進步是極其緩慢的，可能一百年也沒有太大變化，於此背景下老人家的人生經驗確實是至理名言，才會有「不聽老人言，吃虧在眼前」的格言。但如今手機、電腦或電子產品可能沒幾

年就淘汰過時了，資訊軟體也不斷地推陳出新，曾幾何時，一個搜尋引擎的發明，就徹底扭轉了人類整理文獻資料的方式。

將同樣的道理放在取名上，長輩的想法可能與父母們大相逕庭。長輩喜歡的文字或風格，在新一代爸媽眼中或許過時落伍，也或許長輩期望的是呵護寶寶的字義，但父母卻期望孩子積極進取、突破創新。長輩實在沒有必要干預取名，就放心讓晚輩們自己安排吧！

為了家庭和諧需要溝通協調

雖然長輩不宜介入取名，但我也常聽說因此而造成的家庭紛爭與衝突，甚至鬧上媒體哭訴的例子。通常會干預取名的是爺爺奶奶、外公外婆較少，畢竟嫁出去的女兒隨夫家是傳統觀念。因此若已經決定了名字，但長輩仍有意見或反對，我都會建議做先生的可要守護好夫妻倆的立場來與長輩溝通。媳婦是很難與公婆說事的，如何兼顧家庭的和諧與夫妻的立場，需要智慧來處理。

● 哪些文字不宜選用

雖然沒有規定什麼字不能用,但在浩瀚的文字中,適合作為名字的
字其實非常有限。這個部分就來談談哪些字不適合作為名字使用。

明顯負面或晦暗文意的字

這點顯而易見,例如壞、弱、髒、糟、呆、笨、差這樣的文字,相
信任何人都不會拿來當名字用。不過台灣早期曾有取賤名的風氣,
在當時艱苦的環境下,人們認為取差一點的名字會比較好養,不會
遭人嫉妒反遭凶險,例如內政部統計當年就有許多取為「乞食」或
「罔市」這類的名字。

也有許多文字,表面上看起來沒問題,卻是負面意涵或難以引申為
良好文意。例如「詰」指的是責難毀謗或追究之意,那麼在「詰」
後面放任何字,文意都是不對的;或者「姍」字於命名雖極為常見,

但究其本意竟是誹謗詆毀或嘲笑。

教育部辭典通常都會明確解釋每個字的典故與來龍去脈，但偶爾也
會有語焉不詳、容易誤解的部分。例如「婕妤」（或寫作「倢伃」）
這幾個取名常用字，教育部辭典稱是「漢代女官，位視上卿」，此
說明容易讓人誤解為女中英豪，因自古女子不得干政，這實際上是
指嬪妃或宮女的位階（至明代被廢除）；並且「婕妤／倢伃」除女
官外並無其他良好字意，是否選用這樣的字來取名，值得斟酌。

此外，「嬡」字在教育部辭典上只有「稱別人的女兒為令嬡」的例
句，如此就容易誤解「嬡」是指別人的女兒，但其實本意是「愛女」；
加上「令」字才是指別人之女，如同令尊、令堂。

原則上，只要不用明顯有負面意涵的字來取名就沒有太大問題，但
若不注意文字典故而僅在命理公式與套路上做文章，就很容易取出
文化不佳的名字。如今普遍教育程度都很高，父母們可要認真選擇

文化良好的用字，才能符合對寶寶的期望。

神明或過於彰顯地位崇高的字

像是宗教類的神、仙、佛，或彰顯帝王身分的皇、朕，這類文字不宜選用。用這樣的字取名可是把自己視為神佛或皇帝之意，那就太狂妄自大了。您可能會問：那歷代皇帝的名字，例如堯、舜、禹或康熙、乾隆，這樣的字可否選用？其實沒問題，帝王也是人，也要從文字中選個名字，上述只是帝王用過的字不必忌諱，向先聖先賢看齊何錯之有？除非您真的把寶寶的名字取做康熙、乾隆，那就離譜了些；拆開單獨選用則絕無問題。切莫輕信某某生肖不能選帝王用過的字這類說法，不然中國歷代四百多位皇帝的名字，是否都要列出來比照辦理？

有些字表面看起來與帝王無關，但卻扎扎實實的是代表帝王。例如「宸」是許多生肖派命理師取名時的愛用字，因「宀」部是小動物

的家，裡面的辰又是地支，卻不知這字可是皇帝御用、如朕親臨；要說屬牛羊豬雞不能稱君稱王，卻又喜歡提供這樣的文字是否自相矛盾？說穿了就是只知穿鑿附會，不知其意罷了！

著名暴君或奸臣的名字

暴君如夏朝的羿或桀，或商朝的紂。「羿」與「桀」是不少人會選用的字，但「羿」指后羿，其典故是恃其善射、不修民事，棄賢臣，用小人，後為部下所殺；並且「羿」字除了后羿外沒有其他意涵，使用這樣的文字是否要斟酌一下？

還有像著名的奸臣秦檜或貪官和珅。「檜」或「珅」太容易引起聯想，也不適合選為名字。假設用「珅」當名字，將來要如何自我介紹？難道要說「和珅的珅」嗎？這兩字於文意上並無問題，建議不用是避免讓人聯想為負面形象。這就是我們應該向先聖先賢看齊，而避免向暴君奸臣學習的道理。

看似冠姓或雙姓的字

陳、林、黃、李、張、吳、許、蔡、謝、王這些字給人的直觀感受就是姓氏，若名字帶有這樣的字，特別是在第一字，就容易讓人誤解為冠姓或雙姓。當然許多取名常用字也是姓氏，例如文、章、華、方、成、安等等，但一方面這些姓氏人數不多，另一方面則是這些字本身有良好文意可以解讀，就不會有冠姓或雙姓的誤解。這也是取名時必須注意的地方。

生僻罕用或異體字

近年來取名有個趨勢，就是出現大量的生僻或罕用字，其原因不外乎早年根據命理套路的命名多半過於通俗常見，為了避免撞名就開始尋找大眾看不懂或不會唸的字，以彰顯命理師用字不凡。其實要裝神弄鬼一點都不難，翻開《康熙字典》真的什麼奇奇怪怪的字都有，找需要的筆畫、再選幾個大家沒見過的字十分容易。但用這類

生僻罕用或異體字，會有什麼影響呢？

首先就是不知如何稱呼，索性不去叫他或改叫綽號。您的寶寶將來到了學校，老師同學都不知道怎麼唸他的名字，例如「驫」這個字有幾個人會唸？該叫他一群馬、三匹馬或萬馬奔騰，還是乾脆跳過他好呢？

這個例子還算好的，更有許多負面意涵的文字，正因多數人不認識再加上江湖術士穿鑿附會的說法，以致將這類旁門左道甚至如「魑魅魍魎」等字都拿來當名字用了。想查字典可能還查不到，得去翻異體字字典才有；再看看典故，有些字義還真是令人毛骨悚然！

其次是許多打字都打不出來的罕用字，還得自己造字，當然戶政系統可以替您造字，但這樣會讓平常的文件顯示出現亂碼，您覺得這樣會好運嗎？可要當心將來到銀行領錢會領不到唷！父母們取名時可要三思，若您找的老師會提供這類文字，還是不用為好。

令父母心有罣礙的文字

有些字本身文意良好，但可能對父母來說有負面觀感，例如前任不歡而散的對象，或某人曾經傷害了您，當出現他們名字的用字，即便符合姓名學規範也建議避用，不然看到寶寶的名字豈不觸景傷情或心生憤怒？取名也必須兼顧父母自身的立場，才能兩全其美。

● 如何配置優雅的音韻

我的經驗是多數父母在選字上會以單字的喜好來思考，而容易忽略整體的音韻感受。舉例來說，許姓寶寶選到「育」或「語」、楊姓寶寶選到「瑋」或「翔」、吳姓寶寶選到「品」或「書」、陳姓寶寶選到「詩」或「辰」等等，如此顯而易見不是諧音就是疊音，請看以下幾個名字感受一下。

- **吳品德**：品德的意涵很好，但吳姓就變成「無品德」了。

- **傅星翰**：星翰代表文采顯耀，但傅姓會成「負心漢」。

- **許育瑀**：三個字都是「ㄩ」音韻，且「許」跟「瑀」都是三聲字非常拗口。

- **簡詩恬**：簡詩是「撿屍」的諧音，而「簡」與「恬」都是「ㄧㄢ」韻造成疊音。

- **林怡伶**：三個字都帶「ㄧ」音韻，「林伶」幾乎無法分辨差異。

- **蔡孟夏**：孟夏很美，但蔡姓造成三個字都讀四聲，顯得沉重。

您若有興趣，可以將上述名字帶入秘笈中的姓名學格局排算看看，必都完美無瑕，但符合公式的名字就一定好嗎？那可未必。諧音的部分除了名字之外，每個姓氏也都有自己的罩門，還得多加體會。而當代取名雖都以國語發音，但畢竟身為台灣人也得兼顧台語的音韻，許多看似文青的名字在台語上有負面諧音；至於疊音韻的部分可以運用注音符號表來避免。

韻母				介音	聲母					
ㄦ	ㄢ	ㄞ	ㄚ	ㄧ	ㄗ	ㄓ	ㄐ	ㄍ	ㄅ	ㄣ
ㄣ	ㄟ	ㄛ	ㄨ	ㄘ	ㄔ	ㄑ	ㄎ	ㄊ	ㄆ	
ㄤ	ㄠ	ㄜ	ㄩ	ㄙ	ㄕ	ㄒ	ㄏ	ㄋ	ㄇ	
ㄥ	ㄡ	ㄝ			ㄖ			ㄌ	ㄈ	

國語注音符號表

運用的方法很簡單,將您想要取的姓名注音寫下來,若音符相同就會造成大小不等的疊音,但聲母、介音與韻母的疊音效果不同,舉例如下:

- **張智甄**:三字皆為「ㄓ」的聲母,但韻母不同,會造成輕微疊音略顯呆板。

- **呂禹旭**:三字皆為「ㄩ」的介音,且沒有韻母作為間隔,疊音拗口非常明顯。

- **楊亮翔**:三字皆為「一ㄤ」的介音加韻母,疊音拗口非

常明顯。

- **李昕夏**：三字雖皆「ㄧ」的介音，昕夏也為「ㄒ」的聲母，但整體音韻尚稱優美。

- **簡慶祥**：三字恰為同段聲母「ㄐㄑㄒ」帶「ㄧ」的介音，但韻母不同，造成輕微疊音。

- **鄭勝成**：三字恰為同段聲母「ㄓㄕㄔ」並皆帶「ㄥ」的韻母，疊音拗口非常明顯。

一個名字要完全規避音韻重疊也不容易，但運用此法來判斷音韻的良窳，再結合個人喜好來選擇，是比較科學的方式，多加運用自能得心應手。以下則歸納音韻上需要注意之處，作為父母們選字的參考。

先排除與姓氏疊音韻或負面諧音的文字

自己的姓氏肯定自己最有感覺，您從小到大會被人拿來揶揄的梗應

該心知肚明，取名時即便符合姓名學，也應該先將這些字排除再說。例如陳姓可避開同音或近音的辰、丞、成、誠、澄與諧音的陳詩、陳晴等；吳姓避開疊音的書、樹、曙與諧音的吳品、吳助、吳知等；廖姓避開疊音的耀、紹、筊、兆與諧音的廖熙、廖紀（台語諧音賠錢）。有些姓氏比較吃虧，如簡、蕭、吳、廖、朱、施、余等，因本身連帶的諧音就很多，在選字上就需要更費點心思才行。

避免使用兩個以上的三聲字

國語四聲中三聲字（詩韻為上聲）由於音韻下沉是比較難發音的，像是李、呂、許、簡、沈等三聲的姓氏更要注意這點，若名字中再選用三聲字將不易發音。例如許芷、簡綺、李秉、沈品、呂梓等等，您得將姓氏改唸二聲才能發音，有時會讓人弄不清楚到底姓氏為何，是姓許還是徐、是姓李還是黎呢？名字以音韻響亮易於傳播為上，因此若選用三聲字以一個為宜；若您的姓氏恰好為三聲，則建議避免選用三聲字為名。

音韻應盡可能有抑揚頓挫

詩韻分為平（陰平、陽平）上、去、入四聲，上去入為仄聲。國語
將入聲字多數併入陽平聲中，以一二聲為平、三四聲為仄；但台語
或客語等方言都還保留入聲字。例如梅蘭菊竹四字，國語皆讀二聲，
但台語就是兩平兩仄。

當代取名以國語為主、方言為輔，因此在音韻的選用上以國語四聲
為準，避免三字皆為同聲，例如楊惟翔、江昕恩、呂芷穎、鄧毓晏，
如此發音較無起伏，不若平仄交織的名字讀起來生動。您再讀讀看
以下我實際取過的名字：李昀夏、江旅墨、陳星諾、謝礎帆，是否
生動有韻律感得多呢？

參照注音符號表評估是否明顯音韻重疊

注音符號對學習中文來說是個了不起的發明，遠比羅馬拼音更能精

準掌握中文發音的美感，父母在取名選字時若能善用，除了能避免疊音與黏音等問題，更能進一步利用音韻變化，創作出聲韻優雅的名字。

避免整體負面不雅的諧音

有許多雖然符合姓名學章法，但實在難以啟齒、甚至當事人都羞於見人的名字，例如楊暐中（陽痿中）、杜梓騰（肚子疼）、余星蔚（魚腥味）等等；當然更多的是暗藏諧音，如謝馥（瀉腹）、陳詩（陳屍）、施智（失智）、蕭浩（消耗）等名。若取名時只注意筆畫而忽略文化，那取出這類諧音不雅的名字便也不奇怪了。您覺得究竟是筆畫重要還是文化重要呢？

詼諧或令人莞爾一笑的音韻可酌用

有些父母對常規的名字沒有太多感覺，會想取有些梗的名字，當然

這種梗要有正面良善的寓意才適合。我曾取過謝知晏（謝師宴）這樣的名字，學成了謝謝老師是個好的寓意；溫勤詠（溫情永在）賦予在名字中，也令人莞爾一笑；吳悠禾（寶寶的乳名 YoHo），則有無憂的寓意。這些另類風格深得部分新一代父母的心，若您也能接受這樣的風格，當然可以參酌運用。

● 如何配置協調的字形

雖然現代人打字的頻率遠高於寫字，但名字就是要用寫的才有感覺，特別是生活中仍有不少需要簽名的時候，您簽個文件、帳單、取款條總不能打字吧！還有成就愈高的人，簽名的頻率通常也愈高，因此如何為您的寶寶取一個字形協調、簽起來漂亮的名字是十分重要的。

筆者的恩師侯吉諒先生對漢字的結構提出非常精闢獨到的見解，即方塊形狀、筆畫的垂直、平行、等距四個基本條件以及字體結構，

決定了美的規律等論述，若讀者有興趣更深入探討，可參閱侯先生的書法相關著作。

漢字雖然原則上是正方形，但其中還細分許多不同的結構，筆者依據師事侯先生多年的心得，並結合多年來為新生兒命名的經驗，將文字結構的屬性歸納於下，提供父母作為選字的參考。

左右型結構

漢字「六書」中形聲與會意字佔有近九成的比重，形聲乃是形符與聲符的組成，而會意則是由兩個獨立字合併為意，在這個前提下，「左右型」就成為比重最大的結構，但還是要再細分為以下類型。

左輕右重型

「左輕右重型」的佔比最大，例如偉、峻、澄、諭、振、楊等字。左輕右重的結構雖然比較符合視覺習慣，但也建議避免三字皆為此

類型。

左重右輕型

部分文字因部首在右方或組成配置的因素，而產生「左重右輕」這個類型，例如鄭、鄧、勤、勵、叡、勳、劉等。此類型文字數量較少，也較不符合視覺習慣，容易產生重心左傾的觀感。若在名字中重複使用這樣的結構如「鄭勤叡」，自然會產生倒向左方的感覺。

左右對稱型

這類文字呈現一比一的左右結構，如林、喆、赫、欣、和、朋等字。左右相同組成的字比較單調，若重疊使用容易產生一分為二的觀感。我曾經見過「林秝禾」這樣的名字，雖然符合筆畫，但於結構上則屬過度運用左右對稱字的情況。

三等分型

部分文字有三個單元橫向排開，例如游、謝、御、湘、澈、鴻、珩

等字，這個類型逗趣地說就是「胖」，若取名「謝鴻鵬」您可能會覺得此人似乎有積極橫向發展之勢！

上下型結構

上下型同樣包含大量的形聲字與會意字，相較於左右型的文字會略少些，但仍可分為以下幾個類型。

底座型

即「頭輕腳重」的正三角形結構，例如益、盈、禹、奎、寬、奕、品等字，宜避免重複選用。例如「盧盈萱」即屬重複選用而導致的三橫落腳。

垂針型

即「頭重腳輕」的倒三角形結構，例如亭、希、宇、予、千、平、年等字，如重複選用易給人弱不禁風之感。例如「丁予平」這名字，

便在文字結構上顯得相當單薄。

柱狀型

有些文字筆畫上下重疊如柱狀，例如貫、曼、重、黃、里、睿、墨、孟等字，文字本身有相疊的質感，若重複使用如「董重睿」這樣的名字，就容易讓人感覺在疊積木。

包容型結構

屬「包容型結構」的文字，筆畫內縮而欠缺外放的線條，會有內斂拘謹的質感，生肖派特別喜歡針對某些生肖選用這類文字，乃因備受呵護之意。可再細分為以下幾個類型。

圍牆型

「圍牆型」即似有外牆的文字，例如國、因、田、圖、圓、圜等字。這樣的字型，因筆畫被侷限而較欠氣勢，若重複選用如「田國因」，

則易有過度限縮、無法一展身手之感。

門字型

「門字型」像是左右兩扇門或是罩子形的文字，例如閔、聞、尚、向、甫、而、芮等字。這類文字十分對稱並且內向，若重複選用如「周尚甫」這樣的名字，便有著一座座帳篷或蒙古包的氛圍。

穴字型

「穴字型」顧名思義，就是上面有加蓋子的字，例如宥、宣、宙、宗、家、雲、寧等字。因生肖派的選字邏輯而導致這類名字特別多，您熟知的家豪、冠宇、宥安等就是這個類型。

區塊型

「區塊型」文字指的是由數個包容型的單元組成的字，例如品、晶、呂、器、盟、磊、單等字。但若重複選用，則不免有處處是洞穴或形成區塊之感。曾有對夫妻問我：「呂品器」這樣的名字是否可用？

推測是因生肖鼠或蛇要鑽洞的邏輯所致。但這樣的文字質感如何，值得深思。

伸展型結構

有些文字筆畫有左撇右捺或開展的線條，較為瀟灑而不拘謹，與包容型結構是截然不同的風格。可區分為以下幾個類型。

左撇型

以撇畫為主要結構的文字，例如廖、彥、杉、彰、彩、參、楊等字，這類文字比例不高，其線條較為突兀，您看若取名為「廖彥杉」是否像九陰白骨爪般乖張呢？

右捺型

即重心落在右捺的文字，例如成、戈、岱、武、彧、旅、長、威、曦等字。這類文字多與兵器或軍事有關，例如「張威彧」是否頗有

準備與人大動干戈之感？

撇捺型

「撇捺型」的文字佔有較大比重，同時具備左撇右捺的特性，例如
文、金、敦、斐、夏、采、奎、介等字，寫起來瀟灑自在。但如「林
采夏」這樣的名字，雖然飄逸卻也像是在畫八字，而稍嫌單調了些。

龍蛇型

「龍蛇型」的字具有爬行或飛行的質感，例如冠、旭、趙、允、
元、帆、超、建等字，書寫起來也確實有筆走龍蛇的豪邁。但若取
名為「趙建達」或「施冠旭」，是否頗有一群蛇在爬行的感覺呢？

以上簡略區分文字的結構。當然，文字是由不同的線條所組成，一
個字也可能同時具備數種不同結構，如何運用這些特性為寶寶取個
寫起來漂亮的名字，提供下列方式作為父母們選字的參考。

先排除與姓氏部首或結構重疊的文字

您一定看過像江沐澄、林柏松、李孟學、葉芃蓁、黃思蕾、馬照然這樣的名字，其特徵就是名字與姓氏結構重疊，感覺上就是在畫一樣的線條。

在取名時可先將自己的姓氏寫下來，排除與姓氏相同部首及結構過於接近的文字，例如簡、蔡、華、葉這樣結構的姓氏，就避免選用艸部或竹部的字，以免字形雜亂無章。

曹、曾、易這樣的姓氏，則避免選用星、昱、書這樣的字，以避免名字上上下下都是日而顯呆板。

像是黃、陳、單、潘這類姓氏因帶田字結構，就盡量排除像思、軒、輝這樣的文字，避免「田」字大量重複。再深入一點分析，您看像「陳輝軒」這樣的名字，不只田多還帶著三台車在跑，是否有些奇

異？取名時除了注意音韻的美感，也要注意文字結構的協調。

盡量選用不同結構的文字

如同音韻抑揚頓挫的道理，文字也建議選用不同結構，才能生動有變化。字形不講抑揚頓挫，而在於如何打造具有呼應、虛實、挪讓、收放等整體結構的名字。

舉例來說，蔡、詹、李、葉這類上下型結構的姓氏，搭配左右型結構的名字是為「呼應」。

像蘇、羅、鍾、謝這類筆畫較多、結構緊密的姓氏，搭配筆畫較少、結構寬鬆的文字是為「虛實」。

而劉、鄭、戴這類筆畫明顯偏於一邊的姓氏，搭配結構相反的文字，以避免重心偏於一隅則為「挪讓」。

至於廖、錢、彭、劉這類筆畫較為乖張的姓氏，搭配結構較收斂的文字則為「收放」。

理解了上述幾種選字的要領，加以靈活運用，名字自然會顯得生動而有變化。

避免同時選用形態或意象衝突的文字

除了結構，選字最容易忽略的就是選到形態或意象衝突的文字，最常見的就是剛柔並用、水火兩極或日月不明等等。

舉例來說，「威羽」這個名字於筆畫是正確的，但一字威武有力、一字輕如鴻毛，顯得反差較大。又例如洪、江、游這類水部的姓氏，卻選用炳、煊、煥這樣的名字，於形態上便產生水火不容的態勢。同樣的，金與木也不宜並用，例如「柏鈞」、「鈺松」這樣的名字，便易有斧頭砍樹般硬碰硬的觀感。

　　　　　　　　3　取個好名字還需要講究哪些事

姓氏若帶有五行部首，在取名時就要特別慎用五行部首的文字，避免相剋或疊用為宜。此外，如一字為陽光、另一字卻為月光的意象，例如「玥晴」這樣的名字，到底想要的是白天還是晚上呢？

實際書寫來體會整體的協調性

說了那麼多，名字不寫寫看是沒有感覺的，我在取名時也多半會講解示範或帶父母們實際書寫。文字整體結構有變化的名字，寫起來生氣蓬勃；書寫這樣的名字，愈寫愈有氣勢，運勢自然就展開了。而這到底是由姓名學的筆畫數造成的，還是文字的結構所致？您不妨再細細體會這個道理。

● 如何淬鍊優美的文意

中文應該是世界上最難學習的語言，除了書寫的困難外，還有一個最重要的原因是一字多義，並且同一個字與不同字的組合會變義，

這經常讓許多有心學習中文的外籍人士備感困擾，有時連以中文為母語的我們都會因用字不當而造成誤解。

將這個問題反映在取名上也不例外，我在前述內容中曾提到，通常父母們在取名時會以單字來思考，比較缺乏對姓名整體的考量。而除了音韻與字形外，字義絕對是更容易被忽略的一環，一個字可能同時具備表象與深層的意涵，這裡先來舉幾個例子。

	吳 7	8 金			吳 7	8 金
	耕 10	17 金			恩 10	17 金
16 土	墨 15	25 土		16 土	墨 15	25 土
	32 木				32 木	

上列耕墨、恩墨兩個名字都是相同的姓名格局，您或許會覺得差異不大，甚至感到用字突兀——墨直觀就是黑的，怎麼會拿來當名字呢？耕田會不會太辛苦了？

確實我曾經取過耕墨這個名字，當時夫妻倆也非常喜歡它的文意，但卻遭到先生的父母堅決反對，說不能接受孫子將來去種田、還拿黑色的字當名字用，最後只好退一步選長輩能接受的名字。但耕墨在文意上是否真如長輩說的如此不堪？

以耕墨表象的文意而言，耕是鋤地、耘是除草，但這兩字的深層意涵皆是進取之意，古人常說耕筆、耕硯，意指沉潛於學習之中。當然耕什麼才是關鍵，而墨這字確實有黑色之意，但更深一層指的是筆墨文采，耕墨即為「沉潛努力，以獲得知識與學問」。這其實是古典詩般的意境，因為直觀上會覺得墨要怎麼去耕呢？但因為長輩只能看懂文字表面的意涵，便誤解了父母對寶寶的期望，卻又堅持己見不願溝通，只能割捨。

另一個名字恩墨又如何呢？乍看或許「恩」比「耕」正常些，恩是恩德、恩惠，但恩與墨放在一起豈不成了黑心了？恩情怎麼會是墨色的呢？兩個名字雖然筆畫相同、在姓名學上毫無差異，但其意涵

與文化底蘊卻有著天壤之別。

還有一種情況是雖然名字意涵良好，但用字的文意或字型重疊。特別是在生肖之說的影響下，此情況相當普遍，比如屬牛要吃草才有福氣、要有「宀」部才像有個家能受到庇護，或是屬龍要有日有月才能飛翔於天際等等……於是重複使用同類型的字。我們來看下面這個例子。

	廖 14	15 土		廖 14	15 土
	芸 10	24 火		耘 10	24 火
16 土	萱 15	25 土	16 土	萱 15	25 土
	39 水			39 水	

芸萱這個名字，原本是某對夫妻取名時選了兩個喜歡的字拼湊出來的，在姓名格局上沒有問題，芸是香草、而萱是忘憂草（比喻母親）。

固然兩個字都很優雅，但是將兩種草放在一起作為名字，於文意上並不能相輔相成。我建議調整用字，將芸改為「耘」，就像母親期勉著寶寶努力進取的意思。您覺得是否比原本的芸萱更具層次呢？

第三種情形，是選用一正面字、一負面字作為名字，但這樣肯定是錯誤文意，如以下這個例子。

	徐 10	11 木		徐 10	11 木
	詰 13	23 火		培 11	21 木
11 木	恩 10	23 火	11 木	恩 10	21 木
	33 火			31 木	

曾有一對生了二寶的夫妻前來請我取名，大寶的名字取為詰恩，希望二寶與哥哥一樣共用「詰」字。我當時有些為難，便問了來龍去脈，原來是之前為大寶取名的老師說生肖屬蛇喜歡生活在洞穴中，便選了兩個口、看起來又像說著吉祥話的「詰」字；再者，蛇是吃肉的，恩字有心是肉做的，這樣人生才會美滿如意。

這個名字純論姓名學可說是完美無瑕，不論在筆畫、五行、易經卦象乃至生肖字形上都能符合，但問題就出在文意上了。我反問道：知道「詰恩」的意思嗎？「恩」是父母師長教育養育之恩、或朋友的協助之恩，而「詰」卻是責難、質問或追究的意思，那麼「詰恩」豈不是責難於施恩者之意嗎？

我建議二寶的名字仍保留「恩」字，並調整姓名格局配置取為「培恩」。如此文意上就正確無誤，謹記父母師長的養育與栽培之恩、或培養待人處事的恩德，都是積極正面的期望；並且「詰」與「培」二字也頗有兄弟同心之感。

有了上述幾個例子，相信您在用字上會有更多體認。此處再歸納以下幾個方針，作為父母們選字的參考。

　　　　　3　取個好名字還需要講究哪些事

想選用的文字先查明文意與典故

網路版的教育部《重編國語辭典修訂本》詳細收錄所有正體中文（不含異體字與生僻罕用字）的字義與典故，也包含絕大多數的名詞與成語，有時您自己組合兩個字或許有負面寓意而不自知，透過這部辭典即可避免誤用文字。

曾有一對夫妻在我的課程中詢問，家中長輩請人替寶寶算了「懷安」這個名字不知好不好。乍看是個胸懷平安的寓意，也符合生肖屬虎喜歡吃肉、「宀」部居於洞穴中的說法，但我請他們查詢教育部辭典卻出現「苟且安逸」的典故，因而詳加查閱總是比較放心。

許多文字同時具有正反兩面文意，要避開明顯負面文意或較難以引申為正面文意的文字，如此能用於取名的文字其實非常有限，若您還要考慮姓名學的筆畫限制可要多下點功夫，才能選到文意良好的名字。

正正為正、負負為正，正負或負正皆為負的原則

看起來好像是在教數學乘法，沒錯，兩個正面文意的字不論如何搭配都不容易成為負面意涵。「懷安」這個例子是少數，但透過查詢辭典也可以有效規避。若您選的名字有一個字是明顯負面文意如毀謗、嘲笑、欺騙，那另一個字不論放什麼都不對勁了，例如方才提到的「詰恩」這個例子。

又如「宣」這個字，同音同形字就有瑄、萱、煊、暄、喧、誼等，若取名只算筆畫看生肖，選到「喧」或「誼」是可以的嗎？這兩字的意涵可是聒噪喧譁，難以引申為正面文意，後面要加什麼字才對呢？若拿屬猴喜歡學人言語，又喜歡躲在水濂洞裡而選這兩字是否有些荒唐？如此用字就是所謂「正負得負，而負正也得負」的道理。最經典的代表作，可以華山派掌門岳不群為首屈一指，因劇情本就要塑造這樣的負面人物，取名「不群」自是順理成章。

至於負負得正的用法，在藝名或電影小說情節中較常見，例如莫愁、忘憂、無忌、不敗，但畢竟此法兵行險著，拿捏是否恰當還得仔細評估。

文意需以全名來評估，不宜斷章取義

絕大多數文字都有多重意涵，單一文意的字反而是少數，因此一個字同時具有正反兩面文意不足為奇。例如「歆」這個字，根據教育部辭典就有以下四個文意：

1　祭祀時鬼神享用祭品的香氣

2　感動嚮往

3　心悅誠服

4　羨慕

相信各位看到第一點就退避三舍了，但怎麼不看看其他說明呢？為

了釐清這個問題也來舉個實例。

	黃 12	13 火			黃 12	13 火
	歆 13	25 土			歆 13	25 土
11 木	恬 10	23 火		11 木	祖 10	23 火
	35 土				35 土	

這裡還是拿出相同的格局來檢視會比較有感。首先來看「歆恬」這個名字，恬具有恬適、恬靜與恬淡的意涵，如此歆恬當然是引申為嚮往或追求心境上的平和，或對凡事都能安然自若之意。而「歆祖」又如何解釋呢？難道是感動嚮往祖先嗎？似乎說不通，反而應該是指祭祖時香燭或供品的香氣，如此歆祖這名字於意義上就不理想了。

中文的典故博大精深，舉幾個例子拋磚引玉，相信各位父母就能體會如何配置文意良好的名字。

● 名字是最好的座右銘

名字通常的觀念就是稱呼，尤其透過命理方式取名者，多半更在意筆畫是否吉祥或生肖是否符合等因素。而您或許不曾想過：名字是父母給寶寶的最好的座右銘。此時就要提到古人取名經常運用的方法——寓意於名。

姓名學產生之前，文人取名講究的是意義與典故，如何加以運用呢？以下舉一個實際的例子來說明。為了完整呈現這個取名的過程，我們從最初的姓名格局開始說起。

為名字賦予良好的典故

	徐 10	11 木
	睿 14	24 火
18 金	澤 17	31 木
	41 木	

徐姓夫妻為寶寶從「美滿如意型」格局中挑選睿澤為名，除了格局定義外，更希望賦予高貴的意涵。就文意來說，睿乃智慧，需要先有知識並且融會貫通才能獲得；澤乃恩澤，表彰待人以恩，方能以德服人。整體意義便是能力愈高、責任愈大，將自己的能力貢獻於社會。夫妻倆希望除了字面上的解說，也能有一個良好的典故，作為寶寶將來為人處世的座右銘。

我為睿澤引用了《孟子》〈盡心篇〉的典故：

> 古之人，得志，澤加於民，不得志，修身見於世。窮則獨
> 善其身，達則兼善天下。

期望寶寶長大有成就，能學以致用貢獻所長，便是父母最深切的期望。

名字的用字只要屬良好正面的文意，通常就能從經典中找到相對合

適的典故。若希望對寶寶的名字賦予更深刻的寓意，不論是積極進取使命必達，或熱誠開朗處事圓融，乃至人品高潔光風霽月……只要是光明正向的典故都可善加運用，也有許多父母在找我取名時會先提供自己想賦予的意義，您也不妨試著為寶寶尋找一個良好的典故。

名字是最好的對聯

自古文人雅士多喜歡在自己的書齋或居室懸掛對聯，其文句或醒世自勵，或抒發情懷。而您或許沒想過，名字就是最好的對聯，透過嵌名的方式（將名字分別帶入上下聯），就是父母對名字所賦予的最佳註解。我當時也為睿澤題寫了一幅嵌名對聯，懸掛於寶寶的書房中：

睿語含章行雅道

澤懷展禮振儒風

既然成為一幅對聯，也要有一定的章法，並非隨意寫兩句話套入了事（目前時下流行的藏頭詩多屬此類）。良好的嵌名對聯，至少需要符合平仄、對仗與正面意義三個要素。我在題寫嵌名聯時會採用比較嚴謹的規範，上列的對聯在格律上屬入律聯，平仄須相對，其中一三五可不論、二四六應分明，上聯仄韻尾下聯平韻尾。而對仗則是睿語對澤懷、含章對展禮、行對振、雅道對儒風，是詞性的對稱。這幅對聯的語意及詳解如下：

睿語含章行雅道

博學睿智並且學以致用當可出眾不凡

澤懷展禮振儒風

胸襟寬宏並且知禮尚禮當能以德服人

睿語：談吐出眾，言之有物。
含章：行文含有文采和美質。《三國志·卷一一·魏書·管寧傳》：「含章素質，冰絜淵清。」
雅道：正道或風雅的事。唐·王昌齡〈靜法師東齋〉詩：「琴書全雅道，視聽已無生。」

澤懷：以德服人的胸懷與氣度。

展禮：實踐禮義。《南齊書‧卷一一‧樂志》：「涓辰選氣，展禮恭祗。」

儒風：儒者的風範。唐‧孟浩然〈書懷貽京邑同好〉詩：「維先自鄒魯，家世重儒風。」

若您也想替寶寶題寫一幅嵌名對聯作為人生的座右銘，可以請中文系所背景或熟稔古典文學的親友代為執筆，若能親自撰寫更佳。對聯文句應以文意為上，能兼顧平仄與對仗當然更加完美。

此外，運用崁名對聯的方式也相當廣泛。您可以設計製作成多種書籤，將來孩子就學時，使用這樣的書籤自能耳濡目染，一方面了解父母的用心，一方面也能充分理解自己名字的積極寓意。或者配合彌月習俗製作胎毛筆與印章，將對聯刻製於筆盒上，作為寶寶彌月珍貴的回憶。當然，您也可以正式請人題寫一幅小型的書法作品（不宜為寶寶題寫懸掛大型對聯，如此不符長幼有序的禮儀），懸掛於書房或置於案頭，可達從小培養文人氣質之效。

這一點一滴的用心，皆為匯聚涓流而得湧泉以報之能量，您說名字

的意義重不重要呢？

● 如何取兄弟姊妹的名字

從事命理工作多年來，早先請我取名的夫妻陸續有了二寶甚至三寶，或是雙胞胎、龍鳳胎，當然也有大寶由其他老師取名、二寶才來請我取名等情況，這時許多父母就會問到如何為兄弟姊妹取名？我根據實際取名的經驗歸納出以下原則，您選擇自身期望的模式即可。

採用獨立的風格

新一代父母有將近半數認為手足是獨立個體，不需要選用相同文字或風格，特別在以往輩分取名的限制下讓用字受到很大侷限，能不受拘束當然最好，如此在取名時就能依照您對寶寶的期望，盡情發揮了。

　　　　　　　　　　　　3　取個好名字還需要講究哪些事

但必須注意的是，若您有了三寶，那就不宜與大寶或二寶選用相同文字或風格，而必須每位寶寶都各自獨立，以免造成手足間有兩位較親近、卻與另一人較疏遠的觀感。請看以下範例與說明。

範例一

　　大寶　陳姿瑀（女）
　　二寶　陳映融（女）
　　三寶　陳奎勳（男）

這三個名字在文字之間沒有任何關聯，在音韻或意涵上都十分優美，但風格卻截然不同，彰顯父母認為寶寶是獨立個體，有各自的人生發展方向，是良好的範例。

範例二

　　大寶　李思叡（男）
　　二寶　李牧軒（男）
　　三寶　李思翰（男）

這個例子是大寶與二寶採用獨立的風格，但有了三寶，卻取了與大寶相同風格的名字，無形中讓小弟覺得自己和大哥比較親近、與二哥較為疏遠，而二寶也容易有自己跟兄弟比較不親的感覺。若您有了三寶，在取名時要特別留意。

以相同的文字作為連結

當然，也有一半的父母期望兄弟姊妹採用相同文字作為連結，這也包含了在輩分用字的限制下必須採用的方式，請看以下範例與說明。

範例一

　　大寶　潘星語（女）
　　二寶　潘星諾（男）
　　三寶　潘星誠（男）

三位寶寶都以「星」字作為連結，並且名二皆選擇言部的文字，姊

弟之間緊密地結合，也彰顯著父母期望將來手足能互相扶持的寓
意。

範例二

　　大寶　陳星如（大姊）
　　二寶　陳玥如（雙寶胎姊）
　　三寶　陳亮如（雙寶胎妹）

這三姊妹是我實際取名的案例中較為特殊的。大姊當初取名星如，
是因為喜歡寶寶像星星一樣的感覺，但雙胞胎姊妹則讓我在選字
上費了不少心思。後來父母從我建議的方案中選擇以月亮來搭配星
星，雙胞胎姊姊選用玥如，妹妹選用亮如，就如同月亮是一對攣生
姊妹，與星星在夜空中呼應。我當時還逗趣地與這對夫妻說，看到
寶寶如星星月亮在天空的感覺，連做夢都會美夢成真！

範例三

　　大寶　林書帆（女）

二寶　林書宇（男）

三寶　林書嫻（女）

這樣的取名方法最為普遍，就是以同樣文字再任選一字組成名字，而第三字之間沒有聯繫，比較是在形式上配合手足同心。不能說這樣取名不好，畢竟在姓名學的限制下，又要選擇同心且優雅的文字非常困難。並且當初生大寶時，應該也不會特別設想將來二寶要如何取名。但若能參考前兩個範例配置更為同心的名字，則不妨多加嘗試。

以相同的意象作為連結

顧名思義，就是手足的名字看起來沒有相同的文字，卻能呈現「異曲同工」的文意。一般在為兄弟姊妹取名時，很少有人會想到運用這個方式，請看以下範例。

　　　　　　　　3　取個好名字還需要講究哪些事

範例一

  大寶　陳韞安（女）
  二寶　陳韜宇（男）

這對夫妻希望選用比較特殊且具正面意義的文字，因此為大寶選擇
了具有深層內涵的「韞」為名，我為他們引用了陸機《文賦》「石
韞玉而山輝，水懷珠而川媚」的典故。隔年生了男寶寶，我更建議
以「韜光韞玉」作為姊弟的連結，再將「安」與「宇」兩個「宀」
部字結合。因此韞安與韜宇雖看似沒有任何相同文字，卻能呈現姊
弟同心、剛柔並濟的風貌。

範例二

  大寶　李昕澄（龍鳳胎姊）
  二寶　李昀澈（龍鳳胎弟）

隨著醫學的進步，雙胞胎甚至龍鳳胎出現的機率大大增加，因此在
取名時要同時思考如何取出一對漂亮的名字。我的經驗是，通常新

一代的父母仍會傾向為雙胞胎取同心的名字，而較少採用獨立風格。但他們看到同意象的名字都會非常驚豔，因此這樣的取名方式廣受歡迎。

然而要配置這樣的名字，則需要在文字上廣泛涉獵，您可以參閱本書第二章取名秘笈，選出幾組同意象的文字來搭配看看是否有文意良好的組合。

上述例子是這對夫妻喜歡陽光的感覺，因此我在姓名學的限制下提供了代表朦朧晨光的「昕」，與代表燦爛陽光的「昀」作為姊弟的連結，更在名二選用了兩個水象的「澄」與「澈」，就像姊姊如晨光投映在靜謐的湖面，而弟弟像陽光照耀著潺潺流水。您是否喜歡這樣的意境呢？

範例三

　　大寶　黃則允（男）

二寶　黃律文（男）

有些父母喜歡有畫面感的名字，也有些傾向嚴謹的文字風格。這個例子是父母為大寶選擇了為人具原則且處事公允的「則允」為名，兩年後生了二寶，我提供了「律文」這個呼應大寶的名字，彰顯原則與紀律，並以「允文允武」的意涵作為連結。最後在則愷、則勳、則方、則瑄等幾個選項中，律文仍脫穎而出，因為確實能感覺雖不同字、卻比其他同字的名字更具兄弟情誼。

若您比較傾向手足同心，在為大寶取名時，可預先設想如將來有了弟弟妹妹，為手足預留一個空間；若您傾向獨立風格，就不需要考慮這個問題而使用字受侷限。當然，同心的名字仍然要以良好的文化意涵作為基礎，而不是在形式上選用同部首的文字。

其實多數人都認為取名時遵循命理與姓名學是比較困難的，但筆者反而要強調的是，取一個文化良好的名字、進而為手足選擇一個能

相輔相成的名字更加困難。若您有為兄弟姊妹取名的困惑，上述的方式與範例可多加參考運用。

●印章與彌月習俗

印章是中華文化特有的產物，您若有機會前往故宮參觀歷代名家的書畫作品，就會發現多半都鈐上了大大小小的印章點綴其間，益發增添作品的風采。

就實用面來說，以往個人到銀行開戶是必須使用印鑑的，後來逐漸接受簽名與印鑑二式憑一式即可。現今恐怕多數人都選擇以簽名為主，甚至採用網銀或電子支付而很少前往銀行，但公司行號目前仍必須採用大小章。

至於寶寶也必須使用印鑑，理由當然是寶寶不會簽名，因此在辦理金融事務上就必須以父母雙方簽章加上寶寶的印鑑才能生效。在這

3　取個好名字還需要講究哪些事

個前提下，鐫刻一方印章是必須的，不然就不能開戶存款了。至於父母如何刻這枚印章？根據我的觀察，有以下幾種模式。

直接至刻印店現場製作

採用這個方式者占大多數，主因是覺得使用印鑑太麻煩，寧願簽名也不想蓋印。若非銀行規定，恐怕父母也不會想替寶寶刻印章，因此就以最簡單的模式處理。

通常這樣的印章，是業者採用預先準備的字模套在印面上讓機器去刻，或者用電腦排版直接雷射，從下訂到完成或許三分鐘不到，材質也多半是最普通的木頭，最主要是印面上的文字是直接拿電腦楷書字或黑體字套用，根本沒有經過布局處理，更遑論開不開運了。

這個方式的好處是價格便宜，且能立即交件。但實在不建議如此孟浪從事，印信除了是憑證，更象徵權柄，所謂「有官無印則無權」，

為官者沒有印信怎能下決策呢？首長交接時對印信交接都非常重視，就是這個道理。

配合彌月習俗製作胎毛筆與臍帶章

有許多父母重視傳統習俗，在彌月時會請胎毛筆業者為寶寶剃髮，並將胎髮與臍帶留存，而胎毛筆與印章就成為最好的媒材，將胎髮與臍帶以環氧樹脂封存於印章頂部可經久不壞，兼具民俗與實用雙重意義。

通常胎毛筆業者會選用較好的材質來製作，字體也多半採用命理上的「開運篆」（講究連線連邊且字體較粗以彰顯氣場流通），但此處還是要提出以下建議供您參考。

材質以檀木或牛角為最佳

檀木或牛角既符合開運材質的要求，也便於保存不易損壞；如您財

力充裕，亦可考慮更高級的材質如象牙（目前已不合法）或玉石類。通常胎毛臍帶印章僅供成年前使用，子女在成年後多半會因應結婚或購置不動產等需要另行刻製印章，因此沒有必要用到太高檔的材質。但不建議採用水晶、瑪瑙、紋石或人工材質，上述皆非開運印材。至於壽山石是中國四大印石之首，不論對藝文人士或個人而言都是最好的吉祥印材，品相好的如田黃、芙蓉、旗絳等石種價格不菲，但實在不易保存，因此不建議為寶寶選用。

選擇以手寫印面的師傅為佳

隨著電腦普及，多數店家都採電腦排版，再以雕刻機或雷雕機刻製，如此一來文字就完全在玩連線連邊，而欠缺結構之美甚至筆畫錯誤，這就好像取名只算筆畫、而不論文化一般。

可惜國內目前能手寫印面的師傅已是鳳毛麟角，新一代又青黃不接，許多傳統技藝都面臨類似處境，您可能要仔細詢問店家，或請熟悉相關領域的親友陪同訂製。

請篆刻家執刀鐫刻

少數父母對書法篆刻有較高的鑑賞能力，會請篆刻家來執刀。但若是名家可能刀潤不菲，篆刻家的作品不能稱為商品而是藝術品，這一點需要先行理解才不會於潤金上產生誤會與爭執。

此外，命理方式的布局講究氣場連貫且需連線連邊，因此難以兼顧篆刻的美學，甚至會為了連接筆畫而寫成錯字。至於篆刻家的作品，講究的是藝術與風格，也難以符合命理的規範與要求。此時就要看您著重哪個層面而定。筆者亦不斷嘗試結合命理與篆刻美學於一體的印章，唯篆刻的內涵深奧非短短篇章所能闡釋，此處僅能列舉數端供您參考。

4

姓名學在說什麼

本書之所以將姓名學置於最後一章來探討，是希望父母們能首先重視名字的文化，而不要一開始就讓命理學說侷限了文字。畢竟在寶寶從出生到報戶口這麼短的時間裡，父母們要完全理解姓名學是不可能的，充其量只能看到表象甚至錯誤的資訊，最後或將讓取名不但未能真正符合自身對寶寶的期望，也未必能符合姓名學的規範。

因此，這一章我建議為選讀。若您不甚在意姓名學的說法，稍加瀏覽即可，甚至略過也無妨，閱讀前三章就已足夠。若您重視這個部分，就需要花些功夫來研讀；而對有志學習命理或姓名學的人士而言，本章論及的範疇就必須深入探討了。

● 姓名學是怎麼產生的

姓名學的起源

在我多年的講課經驗中，我發現大多數人並不知道姓名學誕生至今

還不到一百年，更不知道它是日治時代自東洋來的舶來品！不用懷疑，姓名學的確是日本人發明的，正是熊崎健翁此人（本名熊崎健一郎）。

熊崎氏明治十四年（1881 年）於日本岐阜縣出生，自幼熱愛讀書，為追求理想而前往東京發展，受到某報社社長的提拔成為記者，並且平步青雲，榮膺日本傑出青年。那麼姓名學又與熊崎氏有何關聯呢？這就與他多舛的人生際遇密不可分，隨著家人相繼因意外過世，他相信這一切都是名字造成的影響，便著手研究命理，希望藉此解開疑惑。我們現在廣泛運用的「81 數吉凶」，就是熊崎氏在這個背景下創造的理論。《熊崎氏姓名學》一書於 1929 年發行，成為日本轟動一時的暢銷書。但本書並不打算於熊崎氏的生平著墨太多，若您有興趣可自行參閱相關論述。

但這套由日本人創造的取名方法，又與我們有何關係呢？這就得提到白惠文這位旅日高材生了。白氏（本名白玉光）於 1933 年前往

日本留學期間，也同時師事熊崎氏學習這套姓名學。他於 1936 年學成回到台灣，在熊崎氏的同意下以中文陸續出版了《熊崎氏姓名學之神秘》、《姓名學之命運學》、《姓名學之奧秘》三本書並加以推廣，也開啟了國人以姓名學取名之濫觴。

但像取名這樣的大事，僅憑白氏一己之力，又怎能造成如此巨大的影響，短短時間內就改變了國人數千年來採用的方式。無庸置疑，白氏是集姓名學之大成者，但個人以為還必須有以下兩個客觀因素加以配合。

其一，這無非是搶了原本文人的工作，為命理界帶來了巨大的商機。每個新生兒都要取名，或許成年人也想改個名字轉轉運，也難怪白氏登高一呼就讓命理界紛紛響應，甚至派別林立了。

其二，台灣讓日本統治了五十年，採用日本人發明的論述作為取名規範自是理所當然，只是沒想到後來中國也廣泛接受這套姓名學，

成為當前全球華人取名的共識。相信白氏若地下有知，也會感到不可思議吧！

姓名學為什麼派別林立

姓名學被歸類為相學的一支（論名字的吉凶為「名相」），也是命理中流派最多、意見也最分歧的項目，甚至各派之間互相批評而令大眾無所適從。

若您有找過兩位以上命理老師取名的經驗或許就會發現，怎麼這位老師取的名字，卻被另一位老師說到一文不值要重新取名？到底誰是對的？主要原因通常就是否定對方派別的論點。

但若講到派別，就必須先放下既有成見，回歸姓名學真正的起源，也就是從熊崎氏姓名學開始探究起。因為當前所有姓名學派，都是在三〇年代引進這套來自日本的姓名學後所衍生的產物。或許是在

原本熊崎氏的理論上加油添醋，讓它看起來更厲害；也或許是為了反對它，而另起爐灶、自創門派來一別苗頭。此情況就如同武術的門派之爭一般。

武術最早的起源很難探究，但門派成立的宗旨無非是制定一套練武的系統，提供練武者學習強身或自衛，進而追求更高深的武學境界。當然，各門派都有自己習武的進程，也可能會否定其他門派的路數；今日所見這麼多的武術派別，是隨著時代而不斷衍生出來的。

在姓名學上也是類似的情形，許多派別就是根據熊崎氏的論述而衍生的產物，本質上還是熊崎氏姓名學，換湯不換藥；若說當代姓名學皆出於熊崎氏也不為過。可想而知，也有人會否定熊崎氏的論述而自立門派，例如大家熟知的生肖派，自然就會完全牴觸熊崎氏的論點而獨樹一格。

在資訊汗牛充棟的今日，各位父母若想依據姓名學為寶寶取名，就

會面臨著該依循哪一派的問題。但在討論派別之前要先了解的是，姓名學成立的宗旨是為了取出良好的名字，而不是在套路上吹毛求疵。我的啟蒙老師倪海廈先生就時常提到，研究命理需重視的是本質，而不是在形式上做文章。

電影《霍元甲》中也有這麼一段台詞，即天下武術本無高低之分，但習武者的造詣與境界卻有高低之別。同樣的，在遍覽坊間所有相關論述後，只要是有理論基礎的姓名學派，確實沒有必要強行區分高下，因為它都是命理界為取名所制定的方法；但不同命理老師取出來的名字，於文化境界上卻有顯著的落差。

如果要依據姓名學取名，我建議採用共識最大的學派，原因如下。

本書一開始就提到，目前大約有七成的父母會用姓名學排算寶寶的名字，於是在命理界大約能肯定這個名字是沒問題了；而剩下三成的名字因為不符合姓名學規範，或許會被某位老師指指點點、說三

道四。說一次您不在意，說兩次開始疑神疑鬼，等到第三次再被說這名字會影響職場升遷、婚姻幸福、身體健康等等……就算您再不信都會開始找答案。

經常有人來向我詢問改名事宜，我個人從不主動建議別人改名，這涉及道德問題，因此都會先詢問想改名的理由。其中極大比例是因為其他老師都建議改名，不然會如何如何……而心生疑惑或恐懼。

同樣道理，若您不採用最大共識的學派來取名，將來被命理老師說要改名的機會就大得多。根據我多年來的經驗評估，命理界也大約有七成比例會使用正統的熊崎氏姓名學來取名，而剩下三成就琳瑯滿目、各說各話，端看您信或不信了。

本章的宗旨是凝聚命理界的最大共識，以正統熊崎氏姓名學為主，輔以其他次要派別作為比較，提供想深入探討姓名學的父母一個系統性的論述。

● 姓名學就是名字的風水學

姓名學的基本架構

在討論熊崎氏學派之前，必須先認識姓名學的基本架構，畢竟大多數的學派都是以熊崎氏創造的架構為基礎再變化衍生的。並且要再次重申：這套架構是源自日本，而非我們祖先的發明。

坊間的相關論述非常多，主要不外乎在天格、人格、地格、外格與總格這所謂的「五格」上，再添加成功運、基礎運與社交運等等說法，甚至拿紫微或八字命盤上的物件張冠李戴加以套用，數十年來互相抄襲也了無新意，更讓人無所適從。

為了讓讀者更容易理解姓名架構的意義，我採用以下的詮釋方式，在此特別感謝穿越時空而來的古今兩大詩人李白居士與徐志摩教授

客串演出。（其實姓名學與他們的年代一點關係也沒有，純粹友情代言！）

<table>
<tr><td></td><td>徐 10</td><td>11 木_{天格}</td></tr>
</table>

	徐 10	11 木 天格
	志 7	17 金 人格
16 土 外格	摩 15	22 木 地格
	32 木 總格	

單姓雙名基本架構

	李 7	8 金 天格
	白 5	12 木 人格
2 木 外格		6 土 地格
	12 木 總格	

單姓單名基本架構

姓名學所討論的重點如上述兩表所示的五格，根據它的筆畫與五行來論吉凶。這時您可能有個疑惑，姓名本身的筆畫五行不用討論嗎？是的，不需要。當然有少數派別會拿名字本身的筆畫五行來說

嘴，在此客觀的分析為何不用討論。

其一，在熊崎數中筆畫有吉凶之分，若要在意名字本身的筆畫吉凶，豈不是被列為凶數的字都得束之高閣？這樣搞法恐怕一半筆畫的字都不能用，根本不合常理。

其二，兩字的組成變化萬千，凶數相加也可能變成吉數，如此一來，所有筆畫的字都能夠使用，並且這個字與不同的字相加也會有不同的結果，如此才能呈現姓名學設計的巧思。

如何排算姓名學的五格

再來就要區分單姓雙名、單姓單名、雙姓雙名與雙姓單名四種類型的五格排算方式，表列如下圖。

您應該會發現表中有一個叫「虛擬筆畫」的東西，怎會有這個名稱

天格	單姓：單名雙名皆為姓氏虛擬筆畫 1 ＋姓氏筆畫
	雙姓：單名雙名皆為姓氏兩字筆畫相加
人格	單姓：單名雙名皆為姓氏筆畫＋名一筆畫
	雙姓：單名雙名皆為姓氏第二字筆畫＋名一筆畫
地格	單姓：單名名一筆畫＋名二虛擬筆畫 1，雙名兩字筆畫相加
	雙姓：單名名一筆畫＋名二虛擬筆畫 1，雙名兩字筆畫相加
外格	單姓：單名姓氏虛擬筆畫 1 ＋名二虛擬筆畫 1 ＝ 2，雙名姓氏虛擬筆畫 1 ＋名二筆畫
	雙姓：單名姓氏第一字筆畫＋名二虛擬筆畫 1，雙名姓氏第一字筆畫＋名二筆畫
總格	單姓：單名雙名皆為姓名筆畫總數（虛擬筆畫不計）
	雙姓：單名雙名皆為姓名筆畫總數（虛擬筆畫不計）

呢？其實仍是要回歸姓名學源自日本這件事。我們知道絕大多數日本人姓氏與名字各有兩字，但也有少數是單姓雙名或雙姓單名，因此顯而易見所謂的虛擬筆畫是為「非雙姓雙名」者而設的。

在單姓的姓氏上方，與單名的名字下方各添加一個虛擬筆畫（皆以一畫論），如此才能在學理上有所統一。

為了釐清這個問題，我們很榮幸地跨海邀請三位日本知名演歌家美空雲雀小姐、小林旭先生與森進一先生來示範。

```
              美 9
              空 8      17 金 天格
              雲 12     20 水 人格
20 水 外格      雀 11     23 火 地格
              ─────────────────
              40 水 總格
```

雙姓雙名之五格解析

天格：美 9 ＋空 8 ＝ 17 金
人格：空 8 ＋雲 12 ＝ 20 水
地格：雲 12 ＋雀 11 ＝ 23 火
外格：美 9 ＋雀 11 ＝ 20 水
總格：美 9 ＋空 8 ＋雲 12 ＋雀 11 ＝ 40 水

```
            小 3
            林 8      11 木 天格
            旭 6      14 火 人格
4 火 外格    (1)       7 金 地格
            17 金 總格
```

雙姓單名之五格解析

天格：小 3 ＋林 8 ＝ 11 木

人格：林 8 ＋旭 6 ＝ 14 火

地格：旭 6 ＋ (1) ＝ 7 金

外格：小 3 ＋ (1) ＝ 4 火

總格：小 3 ＋林 8 ＋旭 6 ＝ 17 金

```
            (1)
            森 12     13 火 天格
            進 15     27 金 人格
2 木 外格    一 1      16 土 地格
            28 金 總格
```

單姓雙名之五格解析

天格：(1) ＋森 12 = 13 火
人格：森 12 ＋進 15 = 27 金
地格：進 15 ＋一 1 = 16 土
外格：(1) ＋一 1 = 2 木
總格：森 12 ＋進 15 ＋一 1 = 28 金

單姓單名因在日本一時之間找不到代言人，那麼就請出與美空雲雀同年代的台灣歌手紫薇來跨刀示範，想當年咱們紫薇小姐的歌聲也是不遑多讓的！

		(1)	
	紫 11	12 木 天格
	薇 19	30 水 人格
2 木 外格	(1)	20 水 地格
	30 水 總格

單姓單名之五格解析

天格：(1) ＋紫 11 = 12 木
人格：紫 11 ＋薇 19 = 30 水

地格：薇 19 ＋ (1) ＝ 20 水

外格：(1) ＋ (1) ＝ 2 木

總格：紫 11 ＋薇 19 ＝ 30 水

姓名如居所——姓名學五格的意義

經過上述台日知名人士的代言，相信您已熟悉姓名學五格的基本架構，接下來將以本書獨創的全新概念——即「姓名學就是名字的風水學」——來解說五格的意義。這是根據正統姓名學的學理，將姓名比喻為自己的居所來詮釋及理解，就如同風水學一樣，請看下一頁的示意圖即可一目了然。這裡邀請筆者鄰家的謝昀希小朋友來示範。

顯而易見的，大門就是姓名學的「總格」，是給人的第一印象，一個漂亮的門面如同自己擁有出眾的儀表。老一輩排算名字時通常比較注意總格的吉凶，認為筆畫相加只要是吉祥數就是好名字。但您覺得只要有漂亮的門面就是好房子嗎？那可不一定，好歹也要打開

（1）

	（頂棚）
謝 17	18 金（三樓） **天格**
昀 8	25 土（二樓） **人格**
8 金（景觀） **外格**　　希 7	15 土（一樓） **地格**
32 木（大門） **總格**	

三才

姓名格局之風水概念

大門，走進去看看房子本身啊。門面富麗堂皇的屋子，或許金玉其外敗絮其中也說不定。那麼二話不說，就推門進去看個究竟。

走進大門映入眼簾的，就是主建築了。主建築基本上是三層樓房的設計，但有少數樓房的頂樓加蓋一層成了四層樓，若買到這樣的房子似乎是賺到了（這其實是雙姓名字主人的家）。這樣的話，單姓

名字的主人不就吃虧了嗎？當然不是，好歹單姓的頂樓還有個頂棚啊，有這樣的設計，天氣好時在頂樓喝個下午茶也是不錯的（這就是單姓天格要加上虛擬筆畫的原因）。

還有一種形式的房子也得介紹一下，這可是比四層樓房出現的機率高得多。您應該聽過南洋有很多這類架在水面上或濕地上的房子，房屋底下是空的，若是水面可以停艘小船，若是地面也可以養養雞鴨。是的，有些房子的一樓是架空的，這個空間至少可以拿來當停車位或工作區（這就是單名主人的房子，它的一樓是空的，所以也得加上虛擬筆畫，讓它有個可以利用的空間）。

現在請大家自行參觀吧，請先上二樓看看自己的房間。所謂「人格」就是自己住的樓層，務必要講究一番，不論裝潢或建材都得精心挑選才行。那三樓跟一樓又是誰住的呢？當然是家人啊。三樓（天格）是父母住的樓層，他們可是在您還沒出生前就住在那了，因此不能改變既有的設計，不能看不順眼就改掉，這樣等於是改姓了。父母

住的樓層一概要視為理所當然，這也正是姓名學天格筆畫數不論吉凶的主要原因。

再來就要看看一樓的設計，「地格」住的是配偶或子女等家人，要抵達自己住的樓層也得經過這裡，所以您應該能理解單名主人的房子會少了些人氣，也比較像是空中樓閣，因此姓名學並不建議取單名。

在參觀主體建築物之後，就要來看看庭院與景觀了。我這說的可是「外格」呢！房子除了門面漂亮，主體設計優異，也得有個優雅的庭院或良好的周邊設施與機能，才能賞心悅目生活便利，外格的意義就在於此。

相信經過這一輪導覽，各位在準備取名時就有了一個完整的概念。至於更細緻的部分，包含裝潢建材的選用（數理筆畫的選擇），與房子的根基骨幹如何建構（三才五行的配置），在後面的章節將陸

續介紹。

● 筆畫就是裝潢與景觀

排算名字第一個會想到的當然是筆畫，就好像我們看房子首先會注意裝潢、建材與景觀是一樣的道理，因為這是最顯而易見的項目。

用筆畫來算名字吉凶，可謂顛覆時代的創舉。其實我們的祖先早就發明了河洛數，但歷代命理論述並沒有用河洛數來排算名字的記載，何以當代算名字捨河洛數不用、而採用日本人才發明不久的熊崎數呢？此處先介紹河洛數與熊崎數差異何在，以及目前命理界為何都以熊崎數排算名字的原因。

什麼是河洛數

所謂「河洛」指的是河圖與洛書，一直廣泛運用於命理項目，特別

是陽宅風水的各個派別之中。先來說說河圖的概念，請先看下圖。

河圖十個數字分為生數與成數，天為單數屬陽，地為雙數屬陰。一、二、三、四、五為生數，六、七、八、九、十為成數。是以生數為體而成數為用，以五生數統領五成數，在一生一成、一陰一陽之間蘊含著天地變化之道，茲將河圖口訣簡單整理如下：

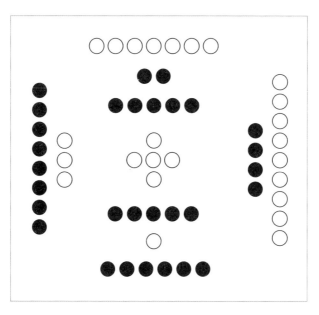

河圖示意圖

　　　　　　　　　　　　　　　　4　姓名學在說什麼

天一生水，地六成之，因此一六共宗屬北方水。

地二生火，天七成之，因此二七爲朋屬南方火。

天三生木，地八成之，因此三八成友屬東方木。

地四生金，天九成之，因此四九同道屬西方金。

天五生土，地十成之，因此五十相守屬中央土。

河圖簡圖

緊接著來說一下洛書，同樣請先看下圖。

洛書九宮圖所顯示的，其實就是羅盤上的八方位，也就是後天八卦（文王卦），它廣泛運用於八宅派、三要派、飛星派、易卦派與玄空派等風水派別，您可能聽過的東四命（坎、離、巽、震）與西四命（乾、兌、坤、艮）就是由此而來。也將洛書口訣簡單整理如下：

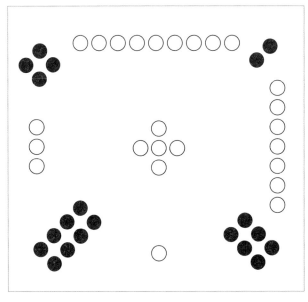

洛書示意圖

　　　　　　　　　　　　　4　姓名學在說什麼

載九履一，左三右七，二四爲肩，六八爲足，五居其中。

河圖爲體，洛書爲用。

您大致理解河洛數的原理即可，姓名學源自日本，定義上以熊崎數為主用不到河洛數，因此不必特別深究，但河洛數才是中華命理精神所在，讀者不可不知。

4 巽木	9 離火	2 坤土
3 震木	5 中土	7 兌金
8 艮土	1 坎水	6 乾金

洛書九宮圖

什麼是熊崎數

日本深受中華文化的影響，但又善於創新求變，不論語文、飲食、服裝、建築等各領域都與我們有異曲同工之妙。舉例來說，日本使用的漢字大致與我們雷同，但意義上卻有很大不同，好比最常用的口語「謝謝」兩字，平假名為「ありがとう」，漢字寫法卻為「有難う」，您看了可能一頭霧水！是的，我們創造的事物流傳到日本後，經常會轉變為另一種風貌。

熊崎數也是如此。這是熊崎氏運用五行概念創造的數理，並且加上了吉與凶的概念（河洛數並未區分吉凶）。當然，吉凶也是由他說了算，是當時熊崎氏根據周圍日本人的名字，並觀察當事人的人生際遇所統計的數據。套用在我們身上是否合適姑且不論，先來理解一下熊崎數的邏輯。

十天干「甲、乙、丙、丁、戊、己、庚、辛、壬、癸」大家都不陌生，

除非您曾涉獵命理相關知識，不然應該不知道天干地支代表的五行意義。但日本人應該都知道，至於為什麼請看下表即可一目了然。

天干／漢字	日文音讀	日文訓讀	漢字意味	熊崎數理
甲	こう	きのえ	木の兄	1
乙	おつ	きのと	木の弟	2
丙	へい	ひのえ	火の兄	3
丁	てい	ひのと	火の弟	4
戊	ぼ	つちのえ	土の兄	5
己	き	つちのと	土の弟	6
庚	こう	かのえ	金の兄	7
辛	しん	かのと	金の弟	8
壬	じん	みずのえ	水の兄	9
癸	き	みずのと	水の弟	0

天干五行與熊崎數對照表

有時不得不佩服日本人吸收其他國家文化的能力，就如此把中華文化之精髓融入了自己的生活當中，反而我們國人對此或許仍一知半解。

熊崎氏運用十個天干配合五行的定義，就這麼把數一二三四五排列下來，加以十進位的便利，因此形成了以同樣尾數來定義相同五行的方法。他的做法完全與河洛數的精神背道而馳，但非常淺顯易懂且易於傳播，把數字加上吉凶更具有撼動人心的效果。

許多命理工作者不明就裡，便將此奉為圭臬，以為本當如此。但此吉凶是運用什麼理論或根據所制定的，實在難以考據。熊崎氏統計的樣本若放在今日，就像民調數據一樣。民調準確嗎？統計的樣本數足夠嗎？統計的族群夠全面夠客觀嗎？無從得知。

坊間反對熊崎數論述者，就常以前總統李登輝先生、前省長宋楚瑜先生與企業家郭台銘先生的姓名總筆畫皆為 34 的大凶之數來加以反駁，甚至提出白氏無端引進這套違背中華命理精神的異端邪說是毒害炎黃子孫這類至為嚴厲的批判，而這也是導致姓名學派別如此眾多的根源，不服熊崎氏者便自立門派各據山頭。

無奈的是，熊崎數已廣泛影響國人的生活，農民曆裡也都附註「熊崎八十一數吉凶」，您可能選個手機門號、車牌號碼都會加減算一下此數是否吉祥。本書基於命理界取名的最大共識，歸納熊崎數的吉凶表列如下，分為吉數、平數（凶中帶吉或吉中帶凶）與凶數，若總數超過 81 則減去 80，依本表重新計算即可。

熊崎數五行定義／數理吉凶（日語意味兄為陽、弟為陰）								
陽木	1 吉	11 吉	21 吉	31 吉	41 吉	51 平	61 吉	71 平	81 吉
陰木	2 凶	12 凶	22 凶	32 吉	42 平	52 吉	62 凶	72 凶	
陽火	3 吉	13 吉	23 吉	33 吉	43 平	53 平	63 吉	73 吉	
陰火	4 凶	14 凶	24 吉	34 凶	44 凶	54 凶	64 凶	74 凶	
陽土	5 吉	15 吉	25 吉	35 吉	45 吉	55 平	65 吉	75 平	
陰土	6 吉	16 吉	26 平	36 凶	46 凶	56 凶	66 凶	76 凶	
陽金	7 吉	17 吉	27 平	37 吉	47 吉	57 吉	67 吉	77 平	
陰金	8 吉	18 吉	28 凶	38 平	48 吉	58 平	68 吉	78 平	
陽水	9 凶	19 凶	29 吉	39 吉	49 凶	59 凶	69 凶	79 凶	
陰水	10 凶	20 凶	30 平	40 平	50 平	60 凶	70 凶	80 凶	

熊崎八十一數吉凶一覽表

若您想詳細了解每一個數字的十六字吉凶定義，請自行參閱農民曆或上網搜尋。

本書不佔用篇幅列舉的原因，是希望讀者在排算名字時不要過度糾結於哪個筆畫對婚姻較好、哪個筆畫對事業較好，不然會很難取名、會覺得用哪個都不對。這就好比選擇房子的裝潢建材或景觀時，您已決定選用田園風格，心裡卻又想著海洋風格的好處，因而難以抉擇。故以下僅針對國人較為在意的「領導數」與「平安數」特別解說。

領導數

領導數，也稱首領數，是指 21（木）、23（火）、29（水）、33（火）、39（水）這五個數，老一輩人大多對女性的名字帶有領導數相當忌諱，不外乎是認為女名若有此數將不利姻緣，甚至造成婚姻破敗、人生多舛等等，因此在取名時將這五個數視為洪水猛獸般能避就避。然而事實果真如此嗎？我們先摒除既有觀念，在此客觀

地分析這件事。

▌ 領導數是動能充沛且具領導特質的吉祥數

傳統農業社會的觀念，首重女子必須三從四德、相夫教子，豈能在社會上闖蕩甚至領導他人？若男性娶到這樣的女子顏面何在？因此多半認為女名若有領導數，必定難有美滿婚姻，甚至人生將是悲慘的結局。

隨著時代變遷，現今社會不論男女都必須外出謀職，而女性在各個領域中擔任領導職或出類拔萃者也不在少數；若是以領導數的舊有觀念來看待這個現象，豈不是這些女性都難有美滿的婚姻或人生了？

▌ 良好的姓名格局很難規避領導數

若要配置出兼顧數理與三才五行的良好姓名格局，又要在五格中完全規避領導數，整體比例上大約只剩下不到三成的格局能使用，甚

至有些姓氏根本避不掉，若因顧忌它而採用凶數、或造成三才沖剋是否合宜？畢竟五個領導數都是吉祥數，豈有捨棄而就凶數之理？

▌領導數所在的位置不同，其意義也不同

五格之中人格代表自己，若是人格出現領導數，當然這個性質會比較強烈；其次就是代表門面的總格。至於地格出現此數，不就變成家人或配偶比自己強勢嗎？那不反而符合老一輩的觀念，女子應三從四德相夫教子嗎？又怎會不分青紅皂白，看到領導數就反對呢！至於天格又豈有選擇的餘地，難不成要改姓嗎？

▌領導數是命局重要的調候數

在五個領導數中，有四個五行為水或火，特別是 29 與 39 兩個水，也是所有屬水數理中唯二的吉數。若是一個命局燥熱需以水調候的命造，又因女子不能用此數，難道得用凶數或繼續讓它火旺木焦或火炎土燥？而另外兩個屬火的領導數，其道理亦同，不再贅述。

　　　　　　　　　　　　　　4　姓名學在說什麼

寫到這裡，您應該能理解許多狹隘的觀念實應加以排除。時代不斷進步，姓名學也應修正不合時宜的論點。領導數在當今應定義為具有充沛動能的數理，它確實具備傑出的領導特質，也彰顯了父母對寶寶的期許與勉勵，並非如傳統觀念狹隘地認為不利女子婚姻這麼不堪。

筆者在實際取名的經驗上發現，老一輩多半傾向安定與穩健，而新一代的父母會希望寶寶積極甚至強大，即便對女寶寶也是如此，而這也代表著時代的趨勢。姓名學若不隨之調整觀念，豈不是食古不化而終將被時代所淘汰，您說是嗎？

平安數

平安數是指 5（土）、6（土）、15（土）、16（土）、32（木）、35（土）等數。您應該發現了，領導數五行多為水火，而平安數五行多為土，這其實與五行本身的屬性有極大關係。火性就上故曰「炎上」，水性就下乃稱「潤下」，因此水火數特別是陽數，較具旺盛

之鬥志與能量。而土性溫潤包容萬物，可蘊藏木火金水四方五行而融為一體，是以熊崎數中的平安數屬土者為多，尤其是 35 定義為最平安祥和、特別適合女性，以及 32 具有旺夫興家之特質，尤獲傳統命理界的青睞，因此在為女寶寶取名時，認為務必要配置這樣的筆畫方可吉祥如意，甚至有不考慮天格限制而沖剋三才或造成各格凶數，只為獲得總筆畫 32 或 35，便覺功德圓滿的情況。

「平安是福」固然是老一輩對子女的期望，但面臨時代變遷以及少子化造成人口負成長的衝擊，下一代子女所面對的社會壓力將不同於以往。平安是福沒有錯，但一味地追求平安是福則也未必是福，選用定義上積極進取的數理，將更符合新時代之所需。

以下邀請兩位小朋友為各位示範平安是福，相信大家應該都會心一笑。別忘了要給兩位小朋友掌聲鼓勵，若您的名字剛好雷同，則純屬巧合，還請包涵！

	張 11	12 木 天格
	家 10	21 木 人格
15 土 外格	豪 14	24 火 地格
	35 土 總格	

總格數 35 之常見姓名範例

	陳 16	17 金 天格
	怡 9	25 土 人格
8 金 外格	君 7	16 土 地格
	32 木 總格	

總格數 32 之常見姓名範例

筆畫數依據《康熙字典》計算

姓名學使用的筆畫數並非依據教育部頒訂的標準辭典,而是使用《康熙字典》,並且兩岸與全世界華人一體適用。坊間的姓名學論述僅交代這個原則,讓大眾知其然而不知其所以然,甚至命理界也

有人質疑為何捨棄通用字典、而使用不通行的《康熙字典》；在此歸納以下因素加以說明。

《康熙字典》是姓名學創始時依據的標準

姓名學傳入時是日治時代，當時並沒有現今的教育部，自然也沒有所謂的標準辭典了，唯一的標準就只有《康熙字典》。甚至熊崎氏在排算自己的本名熊崎健一郎時，「郎」字也是依據《康熙字典》的原則，取部首右邑來計算。因此《康熙字典》是姓名學創始之初所依據的標準筆畫，熊崎數的吉凶定義也是以這個筆畫為基礎，故沒有推翻它的理由。

恆常不變的定律才能作為命理的標準

《康熙字典》是距今最近的一部恆常不變的字典。文字自古至今都在演變，看歷代書法作品或碑刻就會發現，有許多文字跟我們現在的寫法不同；而教育部辭典也是會變動的，教育部年年都在修訂文字，姓名學若依據教育部辭典，哪天這個字的寫法被修正了，多加

一點或少了一畫，筆畫變了，定義不就跑掉了嗎？因此計算筆畫以《康熙字典》為標準絕無疑義。

共識才能形成力量

姓名學自日本起源傳入台灣，進而中國與全世界的華人社會，包括新加坡或馬來西亞都普遍接受了這套取名方式。由於正體字與簡體字之筆畫差異巨大，以《康熙字典》作為標準，廣受兩岸命理界的一致認可。建立共識才能形成學術的力量，不論在命理界或任何領域皆然。

《康熙字典》筆畫的原則與爭議

文字的演進是一個民族文化自我精煉的過程。漢字的起源可追溯至上古時代的甲骨文，漸次演變為殷商時期的金文（鐘鼎文）、先秦時代的大篆，至秦代的李斯根據六國的大篆再精簡統一為小篆，至此趨於純熟完備，之後再基於實用與便利性而產生了隸書、楷書、

行書與草書等書體，並且隨著科技與文明的進步，文字的數量也不斷增加以因應時代所需。

《康熙字典》的筆畫，與我們書寫的筆畫有一定程度的差異。簡單來說，我們查閱國語字典的部首筆畫，其定義是根據小篆，這是漢字真正的精神所在。目前使用的標準楷書經過一定程度的簡化，有時會讓人看不清文字的本質，例如「月」部與「肉」部就常常分不清楚，勝、騰、胡、玥、育、能、郁、清、宥、脩、澈、娟這些字裡都能看到「月」字，但到底哪個是月、哪個是肉，或者非月也非肉就容易產生誤解，以致江湖術士常誤用文字的意涵，稱生肖屬虎、蛇、狗者喜吃肉，因此在取名選字上「月亮當肉吃」的荒唐行徑也屢見不鮮。此處就《康熙字典》的筆畫原則與爭議加以探討。

部首筆畫以小篆寫法計算

與教育部頒訂國語辭典的編排原則相同，舉例如下：

- **忄部**：豎心部以 4 畫計，如怡 9、恆 10、愷 14。

- **扌部**：提手部以 4 畫計，如拓 9、拾 10、揮 13。

- **犭部**：立犬部以 4 畫計，如狐 9、猛 12、獅 14。

- **水部**：水字部以 4 畫計，如海 11、澄 16、澤 17。

- **玉部**：斜玉部以 5 畫計，如玲 10、珮 11、瑞 14。

- **示部**：半禮部以 5 畫計，如祈 9、禔 12、禎 14。

- **肉部**：肉月部以 6 畫計，如育 10、胡 11、能 12。

- **艸部**：草頭部以 6 畫計，如芸 10、華 14、蔚 17。

- **衣部**：斜衣部以 6 畫計，如裕 13、補 13、複 15。

- **罒部**：网字部以 6 畫計，如罩 14、罰 15、羅 20。

- **辶部**：辵字部以 7 畫計，如迎 11、達 16、遠 17。

- **邑部**：右耳部以 7 畫計，如郁 13、郭 15、鄭 19。

- **阜部**：左耳部以 8 畫計，如陳 16、陸 16、陽 17。

文字中不為部首者，以實際書寫筆畫計算

部分文字帶有部首的結構，但卻不為部首者，以實際的筆畫來計算。

例如：

- 「祁」以 8 畫計：祁為示部 5 畫，右耳不為部首計實筆畫 3 畫，合計為 8 畫。

- 「珏」以 9 畫計：斜玉旁 5 畫，右邊的王不為部首計 4 畫，合計為 9 畫。

- 「慕」以 15 畫計：慕為心部 4 畫，故艸頭不為艸部仍計 4 畫，合計為 15 畫。

- 「澈」以 16 畫計：澈為水部 4 畫，育中非月非肉計實筆畫 4 畫，合計為 16 畫。

上述所列舉的類似狀況非常多，這涉及漢字的六書原則，特別是「形聲字」與「會意字」佔文字比重幾達九成，帶部首結構卻不為部首的情況大都出現在此兩類文字上。因此在取名時必須探究文字的典故與出處，若以生肖派的拆字邏輯，經常日曰不辨、肉月不分，慕字是艸部或心部都沒搞清楚就在那邊吃草吃肉的，錯把馮京當馬涼

也就不足為怪了！

當代文字的寫法與《康熙字典》有落差

部分文字因保留小篆原本的書寫結構，或者是教育部改編文字前的寫法，在計算筆畫時容易混淆，舉例如下：

- 「育」以 10 畫計：標準楷書寫法為 7 畫，原本上方寫法應為一點一橫的結構再帶肉月部，但教育部目前統一規範寫法為「㐬」，容易少算一畫。其中「育」本字為肉部，以 10 畫計；但「徹」15 畫、「澈」16 畫、「轍」19 畫等字中的「育」字，因肉非部首之故，皆以 8 畫計算。

- 「成」以 7 畫計：標準楷書寫法為 6 畫，小篆寫法為 7 畫。其他類似文字還有「誠」14 畫、「城」10 畫、「盛」12 畫等，結構中帶有的「成」字皆以 7 畫計算。

正體字與異體字並存時，以正體筆畫數計算

部分文字因在當代有新式寫法、與《康熙字典》原記載有異，但兩者同時並存時，建議筆畫以新式寫法為主。若依原本《康熙字典》的筆畫計算，則會形成異體字或罕用字，造成使用上的不便。舉例如下：

- 「妍」字以 7 畫計：《康熙字典》本計為 9 畫「姸」，但該字已成異體字故採新式寫法「妍」。
- 「熙」字以 14 畫計：《康熙字典》本計為 13 畫，差異在於目前標準寫法較「臣」字多一豎，若仍以「臣」字書寫則成為異體字。

數字以其所代表的意義為筆畫數

數字一二三四五六七八九十，以其所代表的意義為筆畫，故四為 4 畫、五為 5 畫、六為 6 畫，七為 7 畫，其餘類推。

少數筆畫有爭議的字採共識決

舉例如下：

- 「蕭」字以 18 畫計：該字筆畫目前存有 17、18、19 畫三種意見，採用最大共識 18 畫為依據。

- 「王」字以 4 畫計：該字筆畫作為姓氏，目前存有 4、5 畫兩種意見，採用最大共識 4 畫為依據。

- 「才」字以 3 畫計：《康熙字典》編為「扌」部 4 畫，但「扌」與「才」畢竟是不同字，而目前主張 3 畫或 4 畫者皆有。若名字有此字，以對命主有利之筆畫來解讀即可。

在第二章的取名秘笈中，已對筆畫爭議文字加以註解，本單元則詳細歸納了《康熙字典》的筆畫制定原則。部分文字存有爭議在所難免，而避免使用有筆畫爭議的文字也是一個方法。

● 五行就是根基與骨幹

在討論了筆畫後，還得將五行的定義融入其中，才能形成具體完備的姓名格局。前面提到筆畫有如房子的裝潢與景觀，而五行則是房子的根基與骨幹。

相信大家都有看房的經驗，在看房時您的重點是什麼？裝潢、建材、設施或景觀？以上都對，因為它們顯而易見，是最直接的感受，要是哪個環節出現問題您一下子就看出來了。但最重要的項目，也就是房子的根基、骨幹與結構，除非是專業建築師或結構技師，多數人或因為看不懂、也或許是覺得建商蓋的房子應該沒問題，因此不會特別注意，或忽略了它的重要性。

但這與姓名學又有何關聯呢？數理筆畫其實翻農民曆就有，拿姓名格局對照各格的筆畫吉凶便一目了然，不用專業的命理老師您自己也能算出來，就跟國小數學一樣加加減減而已；這就如同房子的表

象與外觀。

至於三才五行就複雜多了。「木火土金水」對普羅大眾而言只是五行而已，而五行架構的意義於一般人很難理解，這也導致許多命理工作者在取名時只在意筆畫吉凶，而忽略五行配置的情況。如同房屋的結構力學，非專業人士是看不懂的。

在我多年來從事命理服務的經驗中，經常碰到客戶本身有五行配置良好的名字，只是其中一格筆畫差了些，就被其他老師指指點點應當改名，否則將遭遇各種不測；也常見某些老師取的名字看似筆畫吉祥，卻有五行配置不當的情況。這就如同看屋或看事情時，許多人只在意自己看得見的或看得懂的，對於不理解的部分便選擇視而不見。為了讓讀者能進階到姓名學更精華的層面，這裡就要來好好討論姓名學的根基與骨幹，也就是如何配置良好的三才五行。

以五行作為元素，在命理界可謂是一門地球科學，是我們老祖宗獨

到的創見，這在普世的命理論述中也是絕無僅有的。我們生存於地球上，本就與地表環境息息相關，天象相較之下遙不可及也較難理解，因此何不直接先就地球上具體的物質來討論呢？這就是五行論命的精神所在。

熊崎氏創造的數理雖然違背了河洛數理的本質，但在五行上仍是以中華傳統文化的定義為依據，他並沒有改掉天干地支相對於五行的基本定義與生剋關係，這一點也必須加以肯定。以下就來為各位介紹何謂五行。

首先說明五行的基本觀念。木生火、火生土、土生金、金生水、水再生木，循環不息，這就是天干的排列順序。甲乙木、丙丁火、戊己土、庚辛金、壬癸水，相連為生相隔為剋，木剋土、土剋水、水剋火、火剋金、金再剋木。這裡您參閱前一單元的「天干五行與熊崎數對照表」即可一目了然。

對比到地支，則依序為寅卯東方木、巳午南方火、申酉西方金、亥子北方水、辰未戌丑四土分居東南西北四方之末，請見上圖。

為了使讀者理解五行的重要，筆者根據正統八字命學的精神，簡單地詮釋天干地支與五行之間的關聯如下：

天干者天理也，乃自然之生剋法則，講的是天時與倫理，為時間的進程。

地支者地道也，乃季節之更迭循環，講的是地氣與綱常，
為空間的陣列。
而五行匯聚天干地支時空於一體而能體現其精神，乃為中
華命理之精髓。

這幾句話說起來簡單，要深入理解還是得費一番工夫，以下就以圖
示來說明何謂五行的相生與相剋。就姓名學而言，您只要看懂五行
生剋圖就足夠了。

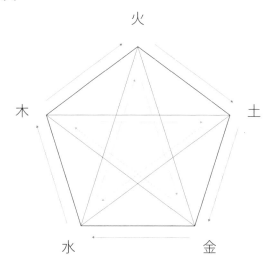

五行生剋圖（箭頭所示為生剋方向，相鄰為生交叉為剋）

　　　　　　　　　　　　　　4　姓名學在說什麼

有了五行生剋的認識，再配合數理筆畫的定義後，我們再拿出姓名格局圖來對照就能一目了然。為了清楚展現三才五行的精妙，這回邀請兩位體壇傑出人士戴資穎小姐與林威助先生擔任嘉賓，請看以下示範。

	戴 18	19 水 天格	
	資 13	31 木 人格	三才
17 金 外格	穎 16	29 水 地格	

47 金 總格

美滿型之姓名格局配置

	林 8	19 水 天格	
	威 9	17 金 人格	三才
8 金 外格	助 7	16 土 地格	

24 火 總格

活力型之姓名格局配置

當然，上述名字討論的重點在於格局配置的問題，這就必須分為三

才、外格與總格三個部分獨立來看。

首先是三才，如同房子主體建築的骨幹，因此在五行的配置上務必盡善盡美，而三才的核心必定是在「人格」，畢竟是名字主人的家。那麼上述的「美滿型」與「活力型」又是怎麼回事呢？這時就要請您再複習一下五行的生剋關係。

先看美滿型的示範。人格（木）同時受到天格（水）與地格（水）的相生，如同長輩上司與同僚部屬都幫助於我，有了這樣的三才結構加持，自然是如意順遂。

再看活力型的示範。三才呈現地格（土）生人格（金），人格（金）生天格（水）的順序相生之勢，順序相生代表推進的力量，不論由上至下或由下往上都充滿活力，有了這樣的三才結構加持，也就具備開朗外向與積極處事的意義。

您可能會問到，外格、總格又與三才有什麼關聯呢？請看這兩格的相對位置。外格位於三才的另一邊，而總格與三才之間有一線之隔，就如同我們在家中看著外面的環境與門面的景觀一樣，環境的屬性我們能完全掌控嗎？當然很難辦到，顧好自家都不容易了。選一個美觀的環境與漂亮的門面倒是真的，但環境的五行屬性還真顧不得。當配置了三才的五行與筆畫後，外格與總格是自然產生的，能配置到吉祥數也就功德圓滿了，若要求外格與總格的五行也要生助人格非常困難。

之所以這麼說，是因為這可能成為部分江湖術士恫嚇改名的因頭。此處就大膽假設一下：倘若戴小姐哪天一時興起，跑去問坊間某位老師自己的名字如何，那位老師找不出名字筆畫五行有什麼問題，又不想錯過這門生意，就硬是說戴小姐的外格金與總格金剋到人格木，會讓人際不好運程不佳，建議改名。結果改了名字，讓外格與總格生助人格，下次另一位老師又要說這名字怎麼三才天格與地格沖剋人格，會影響身體健康或婚姻幸福，建議戴小姐要改名了。改

來改去，改到何時是個頭啊！

姓名學這塊神主牌，已被不少江湖術士濫用到「欲加之罪，何患無辭」的程度，我曾實際接觸許多前來詢問改名者，其實早已改過一次甚至兩次名字了，都是受到各種話術的影響，自己的名字明明沒有什麼問題，卻一改再改、愈改愈糟。

三才配置速查表

相信您此刻應該已經對姓名學的架構愈來愈能體會了，接下來就要討論如何配置良好的三才五行。

原則上，五行之間存在三種關係，分別是**相生**、**比合**與**相剋**。通常相生與比合為吉、而相剋為凶，有少數例外是相生不論吉、而相剋反為吉。

五行之中，「土」的包容性是比較大的。火生土與土生金的相生，俱論吉。木剋土與土剋水則是剋中有合，皆論次吉或次凶。因木雖剋土但木也植根於土，土雖剋水但土與水亦能融合為泥；在某些條件下這樣的配置也是順理成章。

而金木之剋與水火之剋則屬大凶。金剋木如同斧頭砍劈樹木是硬碰硬，往往兩敗俱傷；水火相剋則是水火無情或水深火熱，也應避免。至於火金之剋為虛實之剋，如同金屬以火鍛鍊，金屬雖需鍛鍊方能成鋼成材，但金也必銷鑠於火，故論次凶。

由於姓名學的定位基準在天格（姓氏不能改變），其餘各格都是配合天格而產生，因此下表分別就天格「木、火、土、金、水」的結構，來分析三才之中五行配置的精妙。若您曾研讀《易經》，會比較容易理解三才配置的邏輯與道理。

三才配置可以說是姓名學的核心架構，姓名學相關書籍多半會以較

大的篇幅加以論述，本書則為讀者精華整理為以下表格。只要依據姓氏筆畫查閱，三才配置的良窳便能一目了然。

表列內容以五行為主，不含數理筆畫與總格、外格的因素；吉凶分為上吉、次吉、中平、次凶與大凶，有載明「特性」者，即為五行結構良好之配置。

天格木之三才配置
—— 姓氏筆畫 10、11、20、21 參用

天人地	吉凶	特性	說明
木木木	上吉	強化型	三才強化五行木，有如參天大樹具有堅毅不屈之志節與積極向上之鬥志，命喜木火者尤佳，命忌木火者較易遭忌。
木木火	上吉	進取型	三才兩木生火具有生生不息之進取特質，象徵能夠獲得長輩與上級之助力，並加以自身努力而成就輝煌的人生。
木木土	上吉	穩健型	木雖剋土，但人格木植於地格土乃天經地義，故以吉論。此配置乃是穩健之象，代表具備堅若磐石之人生基礎。
木木金	次凶		天格與人格比合雖具有進取的本質，然地格逢金剋制不免前景受阻，也易受部屬與晚輩之牽絆與威脅而遭受損失。
木木水	次吉	進取型	此配置具有進取特質並能獲得晚輩與部屬之助力而水漲船高，然木植於水中則根基易腐朽，較易產生怠惰之心。
木火木	上吉	美滿型	人格得天格與地格生助，而成木火通明之象，除自身努力外亦能得到長官與部屬之助力，象徵資源豐厚之意。
木火火	次吉	強化型 進取型	具有積極進取之鬥志與使命必達之精神，亦能得到上位者相助，然一木生兩火不免過於躁進而易欠缺長遠性。
木火土	上吉	活力型	三才由天格起順序相生，具有充沛之活力與社會性，象徵除能獲得長輩之助力外，也具輔助中晚年運程之效。
木火金	次凶		雖能獲得長輩之助而努力進取，然人格火剋地格金虛實之剋，雖剋之有情，仍不免有家庭不和或與部屬不睦之象。

木火水	大凶		如前格局所述,然地格水滅人格火如同自身終身辛勞獲致之成果,卻被家庭或部屬吞噬,而有晚景淒涼之象。
木土木	大凶		木雖植根於土但天地兩格皆植根於人格乃不得其所,象徵努力的成果受長輩與家庭同時侵蝕而心力憔悴。
木土火	次吉	安定型	天格木植於人格雖不得其位,但得地格相助有力亦成基礎穩健之象,象徵上級壓力雖大,但部屬卻能鼎力相助之意。
木土土	次吉	安定型	如前格局所述,但地格土與人格土比合,除象徵基礎安定外,也具有逆來順受持盈保泰而不求突破之意。
木土金	次吉	安定型	如前格局所述,長輩或上級給予壓力雖大,但對待晚輩與部屬卻能以德服人,雖較為辛勞但也能安定無災。
木土水	大凶		三才由天格起順序相剋,雖人格土性較為溫和包容萬物,然不得長輩之緣亦與部屬相處不睦,也難以論吉。
木金木	大凶		人格金同時剋制天格地格木,金木之剋為剋之無情,象徵心高氣傲不可一世而輾壓上級與部屬,終將兩敗俱傷。
木金火	大凶		三才由地格起順序相剋,如同子女忤逆自身、同時自身亦沖犯長輩,讓長輩之苦心付諸東流,屬以下犯上之凶配。
木金土	次凶		雖能獲得部屬與同儕之助加以自身努力而建立基礎,但與上級針鋒相對也難保仕途順遂,故難以論吉。
木金金	大凶		人格與地格皆為金,具堅毅不屈之剛健特質,雖能展現自身能力與企圖,但過於強勢凌駕上級則易惹禍端。
木金水	大凶		人格金生地格水具積極開創之特性,然抵觸上級的結局往往使自身努力付諸流水,終將一無所獲。

木水木	上吉	勉勵型	人格水生天地木為水木繁華之象，代表能得上位之器重，亦得部屬所仰賴，只要付出心力必定能獲得肯定與成就。
木水火	次凶		水火之剋皆屬無情，此配置具有迎合上級所好並欺壓下屬以獲得自身利益之象，屬於功利主義者，將難以德服人。
木水土	次凶		能努力以獲得長輩與上級的肯定，然人格與地格水土混雜，雖不至於土崩瓦解，仍不免遭遇部屬或晚輩的些許阻礙。
木水金	上吉	活力型	三才由地格起順序相生，具充沛之活力與社會性，並能獲得上級的肯定與器重，此配置也具輔助早運之效。
木水水	上吉	強化型 進取型	兩水生天格木具有奔騰之鬥志，並能順水推舟借力使力而達成目標，命喜水木者尤佳，忌水者宜慎用。

天格火之三才配置
—— 姓氏筆畫 2、3、12、13、22 參用

天人地	吉凶	特性	說明
火木木	上吉	進取型	具積極進取之鬥志並能同心協力達成目標,更能獲得上級與長輩之肯定,象徵共創大業繼而平步青雲之意。
火木火	上吉	勉勵型	人格木生天地火為木火通明之象,代表能得上位之器重,亦得部屬所仰賴,只要付出心力必定能獲得肯定與成就。
火木土	上吉	穩健型	人格木植於地格土具有堅若磐石之基礎,並能以此向上發展成就輝煌之人生,屬於前程漸至佳境之吉配。
火木金	次凶		具有進取的鬥志而備受上級肯定,然卻屢遭部屬與晚輩無情之威脅與牽絆,也不免有志難伸。
火木水	次吉	活力型	三才由地格起順序相生具有充沛之活力,然水性就下而火性向上乃成水火未濟之象,雖是相生卻也美中不足。
火火木	上吉	強化型進取型	能獲得下屬之助而綻放光彩,具有強大之動能與使命必達之魄力,唯須注意持盈保泰,避免燃燒過快後繼無力。
火火火	次吉	強化型	三才俱為火乃燦爛炳煥勛業超群之象,然火勢猛烈卻欠缺火源則難長遠,此配置命喜火土者適用,忌火者宜慎用。
火火土	次吉	強化型進取型	具有旺盛之鬥志與企圖,並能創造豐碩的成果,然兩火生土不免火旺土焦過於躁進,故命局濕寒者較為適用。
火火金	大凶		天格與人格熾火熔金之象,如同公婆與先生一鼻孔對著妻兒出氣,屬於家庭不睦之局,於姻緣尤其不利之凶配。

火火水	大凶		兩火生於水中,象徵努力終將付諸流水而無所獲,也如同自身成就受到部屬與妻兒的反噬,而成晚景淒涼之象。
火土木	中平		雖能獲得祖上庇蔭或上級提攜,然地格木反植根於人格土,乃晚輩不力而啃老之象,屬於吉凶參半之配置。
火土火	上吉	美滿型	人格得天格與地格生助而成火土昌盛之象,除自身努力外亦能得到長官與部屬之助力,象徵廣結善緣之意。
火土土	上吉	穩健型	能獲得長輩與上級之助力而獲得順遂的人生,雖不彰顯積極之企圖,但屬根基穩健之吉祥配置。
火土金	上吉	活力型	三才火土金順序相生,具有努力能轉化為財富之意涵,象徵除能獲得長輩之助力外,也具輔助中晚年運程之效。
火土水	次吉	安定型	能獲上級提攜且能積極開創,然地格水雖能與土融合為泥卻根基不固,難免侵蝕晚年福分而美中不足。
火金木	大凶		三才火金木依序相剋,不但運程完全受上級或長輩壓抑而無法開展,同時親緣也難以維繫而屬最凶之配置。
火金火	大凶		天格與地格熾火熔金,金雖需火鍛鍊方可成材,但此局反而承受各界壓力,心力憔悴、身心俱疲。
火金土	次吉	安定型	地格土盤生金乃基礎穩健獲部屬相助之意,然天格以火鍛金也彰顯上級給予較高壓力與期待,而成持平之勢。
火金金	大凶		人格地格皆為金乃過度剛強,具有心高氣傲之特質,加以天格制約而易心生不滿,屬於處事不睦、人際欠佳之凶配。
火金水	大凶		金受火熔煉後再溶於水將化為烏有,象徵承受上級過多壓力而不勝負荷,屬於努力終將付諸流水之凶配。

火水木	次凶		與上級形同水火對抗之勢，另一方面又提攜部屬建立人脈，屬結黨營私之象，雖能短暫獲得利益，卻也難保萬全。
火水火	大凶		人格水同時剋制天格地格火，水火之剋乃剋之無情，象徵為人處事不留情面而輾壓上級與部屬，終將一無所有。
火水土	大凶		三才自地格起土水火依序相剋，象徵自身對上級或長輩不敬，終將上行下效，標準的以下犯上之凶配。
火水金	次凶		地格金水相涵雖能建立良好根基，然自恃實力以對抗甚至輾壓上級並非長久之計，終將反噬己身。
火水水	大凶		水火之剋最為無情，此配置人地兩水滅天格火，為群臣弒其君之象，雖能一時得利終將因果循環而破滅。

天格土之三才配置
——姓氏筆畫 4、5、14、15 參用

天人地	吉凶	特性	說明
土木木	次吉	安定型	兩木植根於天格土，象徵能在長輩的庇蔭下順利成長，雖能獲得滋養但也相對展望有限而欠缺開創性。
土木火	次吉	安定型	木火相生雖具穩健發展之特質，然人格木植於天格土乃是過度依賴長輩，不免限制了成長的進度與空間。
土木土	次凶		人格木植於地格土雖為穩健，但亦同時植根於天格，則不免受到侷限反而壓縮了自己發展的空間。
土木金	大凶		地格金剋人格木乃剋之無情，象徵部屬反叛寄望上級協助，卻求助無門而陷入徬徨無助之窘境。
土木水	次凶		木植於水雖能生長，但欠缺良好根基同時也受天格侷限，難以向上發展而不免有志難伸。
土火木	上吉	活力型	三才自地格起順序相生，具有充沛之活力與社會性，同時有輔助早運之效，屬於備受上級肯定之配置。
土火火	次吉	強化型 進取型	本格局鬥志充沛而較為躁進，能展現積極進取之企圖心並能創造豐碩的成果，命忌火土者慎用。
土火土	上吉	勉勵型	人格火生天地土為火土昌盛之象，代表能得上位者器重，亦得部屬所仰賴，只要付出心力必能獲得肯定與成就。
土火金	中平		具積極進取之心而能獲得上級肯定，然而地格熾火鍛金不免與部屬或家人失和，屬於重事業而輕家庭之配置。
土火水	大凶		水火無情之剋造成根基破敗，此配置即便努力也難以達成上級所交付任務而徒勞無功。

土土木	次吉	安定型	天人兩格土盤堅實,然地格之木如同生長於山崖夾縫之中,不易接受陽光雨水的滋養,而使成長較為緩慢。
土土火	上吉	穩健型	天人兩格土盤堅實根基穩固,並能獲得家人與部屬鼎力支持,屬於能兼具家庭與事業之吉祥配置。
土土土	上吉	強化型	土性敦厚兼容萬物,三才皆土乃具備安定穩健之根基與有容乃大之器量,屬於平順康泰之配置。
土土金	上吉	穩健型	地格金深藏於土中,具石韞玉而山輝之象,象徵積蓄長輩與自身努力成果並能庇蔭子孫之意。
土土水	次凶		水土雖能融合為泥,但地格水難以承載天人二土,雖是長輩打下堅實的基礎,仍不免受晚輩侵蝕而有損福蔭。
土金木	次凶		受到上級與長輩之惠澤,但未能克紹箕裘承先啟後,反而欺壓下屬,雖得一時之利也難保長治久安。
土金火	次凶		土中之金為火所銷融,象徵雖能努力留下些許成果,但最終將遭受耗損而所餘有限。
土金土	上吉	美滿型	天地兩土藏金,象徵能獲得上級提攜與部屬相助,屬安定祥和並能積蓄成果之吉祥配置。
土金金	次吉	進取型	雖能獲上級助力與自身努力而有所成就,但因態度積極也難免與部屬產生齟齬,加以適當修為來處事即可如意。
土金水	上吉	活力型	三才土金水順序相生,具充沛動能與開創性,象徵除能獲得長輩之助力外,也具輔助中晚年運程之效。
土水木	次凶		人格水滋養地格木,雖能努力進取提攜下屬,但受制於天格土的牽絆,難以獲上級支持而備感心力憔悴。
土水火	大凶		地盤水火不容且人格受天格制約,象徵自身與部屬勢同水火而上級冷眼以對,於家庭與事業皆屬大凶配置。

土水土	大凶		土水雖能結合為泥，但人格水受天地兩土所制，終將被吸附於土中而消失無形，屬於努力也徒勞無功之象。
土水金	次吉	安定型	地盤金水相生能得部屬之助且具進取之心，然未能獲得上級提攜或肯定則美中不足，屬持平之配置。
土水水	大凶		地盤水勢洶湧，土雖制水然天格之土如單薄之堤，難以抵擋江水氾濫，屬於終將土崩瓦解而一無所有之凶配。

天格金之三才配置

——姓氏筆畫 6、7、16、17 參用

天人地	吉凶	特性	說明
金木木	次凶		人格地格雙木抗金，雖具堅毅不屈之本質，但受上級或長輩嚴厲制約則進展有限，且硬碰硬也難免兩敗俱傷。
金木火	次凶		木火相生具活力與進取心，亦獲晚輩與部屬仰賴，但受天格壓制最終也難以成功。
金木土	次凶		人格木植根於地格土雖為基礎穩健，但也難以抵擋刀斧持續攻身，如同伐木之象而難以平步青雲。
金木金	大凶		人格孤木難以抵擋雙金所剋，象徵遭逢上級嚴厲地壓制與部屬無情反叛，屬最凶之配。
金木水	次凶		地盤水木相生雖獲得成長的基礎與動能，但受天格嚴厲制約，難以持續發展而有功敗垂成之可能。
金火木	次凶		木火相生能得部屬之助，雖能獲得一時的成果，但與上級相處不睦，則往往使部屬遭波及而反受其害。
金火火	中平		熾火鍛金雖具旺盛鬥志，然過於強勢凌駕上級且欠缺持久之毅力，屬於曇花一現之配置。
金火土	中平		火土相生雖能提攜下屬奠定根基，然火既洩秀生土則也無力鍛金，象徵前途受限只能持平以對。
金火金	大凶		人格孤火難以鍛天地雙金，此乃金旺火塞且無火源必定熄滅，象徵自不量力終將徒勞無功。
金火水	大凶		地盤水火不容豈有餘力鍛金，此格局與長輩相處不睦，更受晚輩無情對待，屬於極劣之配。

4 姓名學在說什麼

金土木	次吉	安定型	木植於土並順勢生金,能獲一定程度之成果,唯地盤木土反置於晚運發展受限,有易受部屬拖累之象。
金土火	上吉	活力型	三才火土金順序相生,具充沛之動能與開創性,象徵除能獲得部屬之助力外,也具輔助早年運程之效。
金土土	上吉	穩健型	人格地格兩土生金為最穩健之三才架構,象徵資源豐厚生生不息並且彰顯人生境遇一帆風順之大吉配置。
金土金	上吉	勉勵型	人格土生天地金為廣開財源之象,亦代表能得上位者之器重與部屬之仰賴,只要付出心力必能獲得肯定與成就。
金土水	中平		地盤土水雖能結合為泥但根基不固,雖然具有土生金之表象,但受地基浮動之影響致使發展受限。
金金木	大凶		天人格雙金雖具有剛健進取之魄力,然地格孤木卻無力承受雙金所剋,不免影響晚年運勢且不利晚輩。
金金火	大凶		承前格局,地格易木為火反受部屬與晚輩之挑戰,然孤火難鍛雙金,終將兩敗俱傷。
金金土	上吉	穩健型進取型	土蓄雙金象徵資源豐厚生生不息,且具創新突破特質,本格局宜配合數理方可論斷屬於穩健型或進取型。
金金金	次吉	強化型	三才俱為金乃金剛從革之象,金雖主仁義但性剛烈故宜慎用,此配置命喜金水者酌用,忌金水者宜審用。
金金水	次吉	強化型進取型	雙金帶水具有堅毅不屈之性情與使命必達之鬥志而較為剛烈,此配置命喜金水者酌用,忌金水者宜審用。
金水木	上吉	活力型	三才金水木順序相生,具充沛之動能與開創性,象徵除能獲得長輩之助力外,也具輔助中晚年運程之效。
金水火	次凶		雖能獲得上級助力而展現一時之成果,但與部屬勢如水火仍將功敗垂成,此配置於晚運不利。

金水土	中平		地盤土水雖能結合為泥，但根基不固，雖金水相生具有充沛之活力與動能，但受地基浮動所影響，將使發展受限。
金水金	上吉	美滿型	人格得天格與地格生助，而成金水相涵之象，除自身努力外，亦能獲得長官與部屬之助力，象徵名利雙收之意。
金水水	次吉	強化型 進取型	金生雙水具有奔騰之鬥志、使命必達之精神，然水勢磅礴不免過於激進也易流失成果，本格局命喜水木者適用。

天格水之三才配置
──姓氏筆畫 8、9、18、19 參用

天人地	吉凶	特性	說明
水木木	上吉	進取型	地盤雙木象徵生氣蓬勃，且得天格甘霖潤澤，此配置彰顯天道酬勤，努力進取定會獲得肯定與成就之意。
水木火	上吉	活力型	三才水木火順序相生，具充沛活力與水火既濟之象，此配置除能獲得長輩之助力外，也具輔助中晚年運程之效。
水木土	上吉	穩健型	人格木植根地格土，為基礎穩固不以剋論，且獲天格水之滋養而茁壯，屬於穩健成長且安定無災之配置。
水木金	次凶		雖得上級助力而能獲得一時之發展，然受部屬無情反叛致使成就受限，屬先盛後衰之格局。
水木水	上吉	美滿型	人格得天格與地格生助，而成水木繁華之象，除自身努力外，亦能得到長官與部屬之助力，具有生機無限之意。
水火木	中平		地盤木火相生，雖具有進取不懈之毅力，然受天格水所制，水雖能生木、但也滅火，致使發展受限而成持平之局。
水火火	大凶		如同熊熊大火與水勢對抗終將兩敗俱傷，此格局屬水火無情且曇花一現之凶配。
水火土	次凶		地盤火土相生具有進取之動能，然受上級壓抑也削減了成長的空間，而陷於進退維谷之境。
水火金	大凶		三才水火金順序相剋，屬於極劣之配，除與上級勢同水火，亦與部屬相處不睦，終將一無所成。

水火水	大凶		人格火同時受天地兩水所剋，象徵受到上級嚴厲對待與部屬無情反叛，最終心力憔悴而成失敗之局。
水土木	大凶		三才木土反置且水土混雜，並且成順序相剋之勢，屬於前景混沌不明、障礙重重之凶配。
水土火	次吉	安定型	地盤火土相生具有向上之鬥志，此態勢下天格水與土亦能結合而不致瓦解，雖不能突飛猛進但可持平無災。
水土土	次吉	安定型	承前格局，地盤雙土具有穩健之基礎，此態勢下天格水與土亦能結合而不致瓦解，雖不能突飛猛進但可持平無災。
水土金	次吉	安定型	地盤土金相生具有生生不息之象，金能生水，故天格水亦能與土結合不致瓦解，此格局屬於持盈保泰之配置。
水土水	大凶		水土雖能結合為泥，然人格孤土難敵天地兩水之侵蝕，終將土崩瓦解一無所有，屬於極劣之配置。
水金木	次凶		本格局金水相生，具有達成上級任務之企圖，然金木交剋卻有壓制部屬之意，雖能獲得成就但不免欠缺人際圓融。
水金火	次凶		承前格局，金水相生雖具有達成上級任務之企圖，但卻不得部屬之助反受其拖累，致使成就受限。
水金土	上吉	活力型	三才自地格起順序相生具有充沛之活力與社會性，同時具有輔助早運之效，屬於備受上級肯定之配置。
水金金	次吉	強化型 進取型	雙金帶水具有堅毅不屈之性情與達成使命之鬥志，此配置不免欠缺圓融，故命喜金水者酌用，忌金水者宜審用。
水金水	上吉	勉勵型	人格金生天地水為廣開財源之象，除代表能得上位者器重與部屬之仰賴外，本格局亦具有積極開創之業務特質。

水水木	上吉	進取型	如同天降甘霖滋養樹木，努力當能獲得美好的果實，象徵生生不息之進取精神，並且具有成就部屬與晚輩之美意。
水水火	大凶		地格孤火難敵雙水所制，此格局屬水火無情且曇花一現之凶配。
水水土	大凶		土雖制水，然此配置雙水之下孤土難敵，如同單薄之土堤難以抵擋波濤海嘯，終將土崩瓦解。
水水金	次吉	強化型進取型	地盤金水相生能獲得部屬助力而展現企圖，然水勢奔騰也較為激進，此格局命局燥熱者較為適用。
水水水	次吉	強化型	此格局一行專旺乃是潤下靈秀，若能於人格地格配置吉數且命喜水木者，將為大吉配置。

●格局就是為名字設計風水——
   如何兼顧筆畫與五行

本書以房屋架構為譬喻,從陽宅風水的角度來討論名字,是獨創且化繁為簡的方式,在命理界或姓名學界前所未見。在排算名字時,若僅在意筆畫而忽略了五行,則可能配置成一間裝潢建材及景觀優良,卻結構不佳的房子;這樣的房子雖住起來舒服,然一旦遇上地震或強颱暴雨,或將搖搖欲墜甚至有倒塌的風險。反之,若僅在意五行而忽略筆畫,則雖建構了一間根基骨幹堅固且格局良好的房子,但或許家徒四壁而顯得寒酸。因此兼顧筆畫與五行,就如同要兼顧房子的裝潢景觀與根基骨幹一般,便成為我們在取名時必須同時考慮的方向。

麻煩的是,姓名學受到天格筆畫與五行的限制,就如同房屋受地基與地形的限制,有時很難面面俱到,便得有所取捨——在某個筆畫或五行上退一步,以獲得整體結構的健全與更多樣的選擇。

像是筆畫 17 的姓氏就非常吃虧，能同時兼顧筆畫與五行的組合較少，若不做取捨或調整，在某個筆畫選用次吉數、或在三才上選用次吉的配置，那麼這些姓氏的人在取名時能選用的格局或文字將極為有限。況且若是人人都選用一樣的格局，豈不是很容易就撞名了嗎？

又例如筆畫 12 的姓氏則相對佔優勢，能選用的完美格局要比 17 畫的姓氏多了許多。既是如此，那就沒有必要特意調整筆畫或五行，又何必多此一舉，捨良好配置而換一間差強人意的房子呢？

因此接下來仍舊以陽宅風水為喻，綜合數理筆畫與三才五行，來為姓名設計好的格局。本書獨創將良好的姓名配置區分為三大類型——**平安型、進取型、強大型**，以幫助讀者更清楚地理解姓名學不同格局的內涵。

平安型格局

這是住起來最舒適安逸的類型，多數人購屋時會優先選擇這樣的房子。工作忙碌了一天，回到家中洗個澡，躺在床上舒服地看電視，看著看著就進入夢鄉了。一覺醒來，您可能會想安安穩穩待在家裡，甚至不想出門。看著自己舒服的家、漂亮的裝潢、美不勝收的景觀，若能有這樣的住家，想必任何人都不排斥。

那麼姓名學上有這樣的房子嗎？當然有，選擇定義上最為平安順遂的筆畫，再配置穩健型、美滿型或安定型的三才，一間舒適的房子就這樣建成了。至於在平安型的房屋中還有那些選擇呢？請看以下說明。

①基礎穩健型

首先要推出的就是銷路最好、市占最大的，也就是基礎穩健型的房屋。先來看一下樣品屋。

4　姓名學在說什麼

	陳 16	17 金 天格	
	品 9	25 土 人格	三才
8 金 外格	妍 7	16 土 地格	

32 木 總格

基礎穩健型之姓名格局配置一

在穩健的三才基礎上，盡量配置像 15、16 或 32、35 這類安定的數理，並避免配置領導數這類強大的數理（因領導數的定義積極，較不符合老一輩平安是福的觀念）。多數姓氏都可以配置出此一類型，就像是房屋的基本款。以下再介紹數間有異曲同工之妙的樣品屋。

	李 7	8 金 天格	
	宥 9	16 土 人格	三才
17 金 外格	蓁 16	25 土 地格	

32 木 總格

基礎穩健型之姓名格局配置二

	蔡 17	18 金 天格	
	佩 8	25 土 人格	三才
8 金 外格	君 7	15 土 地格	
	32 木 總格		

基礎穩健型之姓名格局配置三

	鄧 19	20 水 天格	
	惠 12	31 木 人格	三才
5 土 外格	文 4	16 土 地格	
	35 土 總格		

基礎穩健型之姓名格局配置四

您可參閱前述關於數理筆畫與三才五行的定義，就能歸納出基礎穩健型格局配置的邏輯。但各位應該發現了，上述範例中的名字似乎很常見，若沒有在文字上多下工夫，就不容易取出有特色的名字，而只是在形式上做文章。特別是定義為「平安是福」的格局受到傳統命理界的大力推崇，形成重複性過高的名字就也不足為怪了。

②美滿如意型

再來要介紹的是美滿如意型，主要定義是人格受到天格與地格生助，如同上級長官與部屬同仁都來幫助自己，於此前提下再配合安定的筆畫數，便水到渠成了。部分姓氏可以配置出這樣的格局，而住在這樣的房子中，就會感覺備受照顧好事連連。此處也列舉數間如下。

彭 12　13 火 天格
于 3　15 土 人格　三才
11 木 外格　晏 10　13 火 地格
_____
25 土 總格

美滿如意型之姓名格局配置一

桂 10　11 木 天格
綸 14　24 火 人格　三才
18 金 外格　鎂 17　31 木 地格
_____
41 木 總格

美滿如意型之姓名格局配置二

前面討論數理筆畫時有提到要完全規避五個領導數（21、23、29、33、39）非常困難，大約僅有三成的格局能夠符合，那麼平安型的格局能否帶有領導數呢？此時標準就需要放寬一點，只要不出現在人格（代表本質）與總格（代表門面），而只是出現在地格或外格之一，仍然可以列入這個類型；但若出現在人格與總格其一、或五格中出現兩個，就得算是動能強大，而不能列入平安型格局了。見以下範例。

黃 12　　13 火 天格
靖 13　　25 土 人格　三才
11 木 外格　倫 10　　23 火 地格
35 土 總格

美滿如意型之姓名格局配置三

洪 10　　11 木 天格
榮 14　　24 火 人格　三才
8 金 外格　宏 7　　21 木 地格
31 木 總格

美滿如意型之姓名格局配置四

　　　　4　姓名學在說什麼

	戴 18	19 水 天格	
	資 13	31 木 人格	三才
17 金 外格	穎 16	29 水 地格	

47 金 總格

美滿如意型之姓名格局配置五

如上述範例，可觀察到在影藝界選用美滿如意型的名字相當多，此時若將天格比喻為電視或傳播媒體，將地格比喻為觀眾或粉絲，即代表能同時獲得媒體的資源與粉絲的支持，也就名利雙收了；但當然還是得加上自身努力不懈，方能水到渠成。

③安定守成型

第三種「安定守成型」是指有時因天格限制，就需要在五行的排列上略做調整（例如將水與土並置、或木與土倒置），再配合安定的數理來建置出平安型的格局。這類型的格局在五行上雖稱不上完美無瑕，但整體而言持盈保泰倒是沒問題，因而稱為安定守成型。請看以下範例。

鄭 19　　20 水 天格
宇 6　　25 土 人格　三才
11 木 外格　恩 10　　16 土 地格

35 土 總格

安定守成型之姓名格局配置一

張 11　　12 木 天格
維 14　　25 土 人格　三才
11 木 外格　軒 10　　24 火 地格

35 土 總格

安定守成型之姓名格局配置二

上述兩個範例的共同特性是數理筆畫上都屬圓滿吉祥，但請看天格與人格以灰階色塊標示的部分，就是五行上水與土並列，或木植根於土但非植於地格。特別解說一下「張維軒」這個配置，若將維軒改成軒維，就會在筆畫與五行上都完美無瑕（隨後會再介紹這樣的配置法），那為什麼要倒置呢？還是老話一句，傳統觀念平安是福，11 畫的姓氏若不這樣倒過來排，會非常容易出現領導數，或者三才

　　　　　　　　　　　4　姓名學在說什麼

五行的排列動能強大，如此就沒有平安型的格局可以選擇了。因此部分命理工作者，特別是老一輩在取名時會如此安排，也就順理成章。您可能會問，那這樣的房子適不適合住人呢？我比喻這樣的房子比較像是蓋在山坡地或郊區，景觀漂亮住起來也舒服，但就是出入稍微不便而比較不想出門罷了，要住進去還是沒有問題的。

進取型格局

緊接著要介紹的是進取型，這類型的房子能在您忙碌了一天回到家後，好好休息一晚、養足精神，隔天起床便朝氣蓬勃精神抖擻，立刻就想出門打拼，而不只是安逸地待在家裡。那麼這一類的房子有哪些選項呢？

①穩健進取型

前面提到銷路最好、市占最大的是基礎穩健型，而穩健進取型其實是異曲同工的三才結構，只是在人格或總格配置了領導數。住進這

樣的房子，自然會比前者在追求安定穩健之餘，更具養精蓄銳、蓄勢待發的精神。請看樣品屋。

李 7　　　8 金 天格
恩 10　　 17 金 人格　　三才
7 金 外格　在 6　　 16 土 地格

23 火 總格

穩健進取型之姓名格局配置一

這裡選用這個韓式風格的名字來示範。總格 23 是領導數，三才「金金土」屬於穩健中帶有積極的特質，整體架構就成為穩健進取型。以下再舉幾個範例。

侯 9　　　10 水 天格
詠 12　　 21 木 人格　　三才
5 土 外格　心 4　　 16 土 地格

25 土 總格

穩健進取型之姓名格局配置二

這個文青風格的名字是在三才「水木土」的穩健基礎上，在人格配置 21 的領導數。其實這個名字的筆畫配置，跟前述基礎穩健型的鄧惠文都是 12 ＋ 4，但配上不同筆畫的姓氏，就產生了不同的定義。

葉 15　　16 土 天格

芳 10　　25 土 人格　三才

15 土 外格　菲 14　　24 火 地格

39 水 總格

穩健進取型之姓名格局配置三

至於這個特殊風格的名字則是在「土土火」穩健型三才結構的基礎上，配置總格 39 的領導數，也成為穩健進取型的良好示範。

②動靜兼備型

顧名思義，動靜兼備型就是格局中同時具備強大與安定兩種本質。您或許會覺得有些格格不入，但這其實也不難理解，一個名字若能

配置人格領導數而總格平安數，或者人格平安數而總格領導數，自然就兼具動靜兩種特質。部分姓氏可以配置這樣的格局，若能住在這樣的房子裡，將促使自己平日積極打拼、假日就好好休息，如此似乎也挺不錯的。請看以下範例。

張 11　　12 木 天格
軒 10　　21 木 人格　三才
15 土 外格　維 14　　24 火 地格

35 土 總格

動靜兼備型之姓名格局配置一

張 11　　12 木 天格
鈞 12　　23 火 人格　三才
13 火 外格　甯 12　　24 火 地格

35 土 總格

動靜兼備型之姓名格局配置二

您應該發現了，上述兩個例子都是 11 畫的張姓，確實 11 畫的姓氏

比較容易配置動靜兼備型。至於安定守成型的張維軒，在調整筆畫後就是動靜兼備型的張軒維了。安定守成型就是希望同時保留三才與總格的平安祥和，而權宜變通的方式。因此讀者們應漸漸能理解並非每個姓氏都能配置所有的格局，有時需要加以變通，才能面面俱到。接下來再舉兩個例子。

		徐 10	11 木 天格	
		若 11	21 木 人格	三才
15 土 外格		瑄 14	25 土 地格	
		35 土 總格		

動靜兼備型之姓名格局配置三

		羅 20	21 木 天格	
		凡 3	23 火 人格	三才
13 火 外格		鈞 12	15 土 地格	
		35 土 總格		

動靜兼備型之姓名格局配置四

上述兩個例子都是同時具備強大的三才結構與平安祥和的總格，住在這樣的房子裡，一方面對外能圓融處事平安如意，另一方面自身則擁有積極的鬥志與毅力。而在我實際為寶寶命名的經驗中，此一類型非常受到新一代父母的肯定與喜愛，可惜適合選用此格局的姓氏較少。

③活力順遂型／④活力進取型

這兩個類型就一併解說，差異僅在於格局內是否帶有領導數或強大的數理。若有，稱為活力進取型；若無，則是活力順遂型。請看以下範例。

	吳 7	8 金 天格	
	宗 8	15 土 人格	三才
17 金 外格	憲 16	24 火 地格	
	31 木 總格		

活力順遂型之姓名格局配置一

	侯 9	9 水 天格	
	佩 8	17 金 人格	三才
8 金 外格	岑 7	15 土 地格	

24 火 總格

活力順遂型之姓名格局配置二

	蔡 17	18 金 天格	
	尚 8	25 土 人格	三才
17 金 外格	樺 16	24 火 地格	

41 木 總格

活力順遂型之姓名格局配置三

所謂活力型,就是三才的配置為五行順序相生的結構。相生是推進的力量,這樣的配置自然具有活潑外向與圓融處事的特性,屬於能融入社會、共創互助的定義。上述例子皆是總格連同三才都能順序相生,則更加巧妙。五行相生有分為「天格向下」或「地格向上」兩種方式,由下往上的相生同時兼具輔助早運的功能,反之則具輔助晚運的效果,當然能配置連帶總格都順序相生實屬不易,多數姓

氏還是以三才本身的結構為主。有時活力順遂型與活力進取型很難明確界定，例如筆畫數 25 的定義是比較剛性的，將其列入活力進取型也未嘗不可。緊接著來看看活力進取型。

黃 12　　13 火 天格
韻 19　　31 木 人格　　三才
11 木 外格　玲 10　　29 水 地格
————————
41 木 總格

活力進取型之姓名格局配置一

蕭 18　　19 水 天格
敬 13　　31 木 人格　　三才
21 木 外格　騰 20　　33 火 地格
————————
51 木 總格

活力進取型之姓名格局配置二

<table>
<tr><td></td><td>田 5</td><td>6 土_{天格}</td><td rowspan="3">三才</td></tr>
</table>

	田 5	6 土 天格	
	馥 18	23 火 人格	三才
15 土 外格	甄 14	32 木 地格	

37 金 總格

活力進取型之姓名格局配置三

	王 4	5 土 天格	
	愷 14	18 金 人格	三才
16 土 外格	樂 15	29 水 地格	

33 火 總格

活力進取型之姓名格局配置四

上述格局皆在三才順序相生的基礎上，於人格或總格配置了領導數，而成為活力進取型。

活力「順遂型」與「進取型」這兩類格局，如同基礎穩健型，大多數姓氏都可以配置，部分姓氏則可以連同總格順序相生，特別是 8

畫的姓氏在這兩類格局上是相對占優勢的，會比其他姓氏有更多選擇。若能住在這樣設計的房子中，自然會比較外向，也更具融入社會的企圖；而活力進取型則在人際往來中更增添了幾分領袖魅力。

⑤勉勵進取型

看到這個名稱或許您會覺得太拚了，住在平安是福的家不是很好嗎？在我實際接觸的取名案例中，新一代的父母普遍認同這樣的設計，而長輩們可就未必了，最常見的問題就是：「用這個格局寶寶會不會太辛苦了？」那麼住在這樣的房子裡，會不會過得辛苦呢？馬上來看看樣品屋。

李 7　　8 金 天格
知 8　　15 土 人格　三才
11 木 外格　恩 10　　18 金 地格
25 土 總格

勉勵進取型之姓名格局配置一

　　　　4　姓名學在說什麼

		蔡 17	18 金 天格	
		幸 8	25 土 人格	三才
11 木 外格		娟 10	18 金 地格	

35 土 總格

勉勵進取型之姓名格局配置二

請看以上格局的三才配置，皆為人格生助天格與地格的結構，所彰顯的意義是勉勵自身能獲得上級與長輩的肯定，也能獲得部屬與晚輩的仰賴。

這自然是要付出心力才能水到渠成，乍看是辛苦了些，但讓我們回到現實社會來體會一下：若您身旁有一位同事，總是身先士卒、積極完成上級交辦的任務，也會主動關懷朋友與下屬，那麼必定能以德服人，獲得大家的肯定與信賴。

上述例子是勉勵進取型中較為平和的，若能配置領導數，則不但以

德服人，更進一步能帶領眾人了。請看以下範例。

廖 14　　15 土 天格

軒 10　　24 火 人格　　三才

16 土 外格　毅 15　　25 土 地格

39 水 總格

勉勵進取型之姓名格局配置三

彭 12　　13 火 天格

思 9　　21 木 人格　　三才

5 土 外格　允 4　　13 火 地格

25 土 總格

勉勵進取型之姓名格局配置四

以上介紹的五種類型，是具備活力與社會性的進取型配置。當然本書提出的格局類型在定義上或許兼具兩種以上特質，而不容易有明確的分野，活力型與穩健型有時也很難界定；而以下要介紹的強大

型格局，更可能兼具穩健型或活力型的定義。因此您只需要在格局的內容與精神上去理解即可，而無須在名稱上深究。

強大型格局

若您常關注媒體新聞，應該不難發現各個領域的傑出人士，不論政治人物、商業鉅子、科技新貴乃至專業權威、演藝人員、運動員等等，他們都有一個共同的特性就是東奔西跑，甚至一年到頭能在家裡休息的時間也非常有限。

我常在課程中詢問學員，您覺得像郭董這樣傑出的企業家，到底是好命還是歹命呢？這其實是一個哲理問題，端看用什麼角度來評估。若以成就來說，當然是好命啊，不論資產、名望與事業版圖都首屈一指了，還有何問題？但從另一個角度來說，那可就辛苦了，您看他這個歲數不是應該退休養老，在家含飴弄孫享清福了，他的錢說真的應該好幾輩子也花不完，還在東奔西跑拚什麼呢？

我們再次回到前面您準備購屋時的場景，顯而易見，接下來要介紹的將是一間讓您待不住的房子。「什麼！這樣的房子我不要買！」若仲介跟您推銷這樣的房子，您會不開心是合情合理的，但先別急著拒絕，請容我娓娓道來。

所謂「強大型」是指當您辛苦工作了一天，回到家中稍事休息，而這個房子的設計會促使您在很短時間內就恢復能量、繼續努力打拼，而不是安逸地待在家中。至於什麼樣的設計能符合這個概念呢？請看以下類型。

①領導動力型

前面不只一次提到，良好的姓名格局要完全規避領導數並不容易，因此各姓氏要想配置領導數應該都不成問題。但這個格局包含許多面向，前述所列的格局也可能兼具領導動力型的特性，以下就分別帶各位看看不同的樣品屋。

▎人格或總格為領導數，且三才屬於進取型或勉勵型

侯 9　　10 水 天格

硯 12　　21 木 人格　　三才

21 木 外格　　懷 20　　32 木 地格

41 木 總格

領導動力型之姓名格局配置一

曾 12　　13 火 天格

敏 11　　23 火 人格　　三才

15 土 外格　　碩 14　　25 土 地格

37 金 總格

領導動力型之姓名格局配置二

上述兩個範例都屬於進取型的三才結構，再於人格配置領導數。還有另一型是在同樣的三才結構下，將領導數配置於總格的類型，請看以下範例。

	裴 13	14 火 天格	
	海 11	24 火 人格	三才
6 土 外格	正 5	16 土 地格	

29 水 總格

領導動力型之姓名格局配置三

▌ 格局中有兩個以上的領導數，且至少一個配置於人格或總格

領導數要完全規避不容易，要出現兩個以上反而容易得多，您是否
覺得這對於堅持傳統「平安是福」觀念的人來說，是很不友善的一
件事？特別是取女寶的名字時綁手綁腳，自古以來女子不能在外拋
頭露臉，應該待在家中相夫教子，若是住在這樣的房子裡，豈不三
天兩頭就往外跑？一百年前，這樣的女性可能會被冠上不守婦道的
惡名，也難怪老一輩很忌諱女寶寶的名字有領導數。於是，取名被
限制在很少數的格局中，在內政部統計的菜市場名裡，女性的重疊
度遠高於男性，即是這樣的時代背景所導致的結果。觀念議題就暫
時打住，先來看看樣品屋吧。

黃 12　　13 火 ^{天格}

星 9　　21 木 ^{人格}

13 火 ^{外格}　　皓 12　　21 木 ^{地格}

三才

33 火 ^{總格}

領導動力型之姓名格局配置四

馬上就帶您看一間氣勢磅礴的樣品屋：在木火通明進取型的三才基礎上，配置三個領導數，且包含人格與總格。在姓名學中要找到比這能量更強的組合也很少了，這樣設計的房子您想不想住呢？應該說您想不想讓寶寶來住才對。我們再來欣賞幾間。

徐 10　　11 木 ^{天格}

晨 11　　21 木 ^{人格}

13 火 ^{外格}　　硯 12　　23 火 ^{地格}

三才

33 火 ^{總格}

領導動力型之姓名格局配置五

劉 15　　16 土 天格

璨 18　　33 火 人格　三才

7 金 外格　宇 6　　24 火 地格

39 水 總格

領導動力型之姓名格局配置六

王 4　　5 土 天格

湛 13　　17 金 人格　三才

17 金 外格　學 16　　29 水 地格

33 火 總格

領導動力型之姓名格局配置七

李 7　　8 金 天格

蘊 22　　29 水 人格　三才

11 木 外格　真 10　　32 木 地格

39 水 總格

領導動力型之姓名格局配置八

　　　　　　　　　　　　　　　4　姓名學在說什麼

這類型的房子,各姓氏都供應充足,就看您想不想擁有一間。我發現許多坊間取名的例子,是為了規避領導數而採用凶數或配置不佳的三才五行,這其實大可不必。當今世界進展的速度遠遠超出老一輩的想像,替孩子選用強大的姓名格局是否更能符合時代所需?值得您好好思考。

②五行強化型

顧名思義,五行強化就是三才配置著重於單一五行,將該五行的能量極大化。這裡要特別說明一下,五行疊加的能量是幾何式,而非算術式。舉例來說,天格木配置人格木是兩個,但其實木的能量不只是 1 + 1 = 2 的問題,這裡就拿電池來做個比喻。

假設手電筒需要三個同型號的電池,電池的安裝有所謂「串聯」與「並聯」兩種類型,三才結構即是屬於串聯式,三個 1.5 伏特的電池串聯起來會變成 4.5 伏特,除了蓄電量加大外還提升了伏特數。因此,若三才配置三個木,就等於木積蓄的能量達三倍外,連帶伏

特數也成為三倍，這個效果相當驚人，但使用的時效也會相對縮短。

至於三才與總格或外格之間的關係，就屬於並聯式，不會因此提升電壓。且外格與總格是獨立系統，即便五行與三才相剋也不會產生阻抗，只是沒能幫上忙。但若能配置相同五行或相生五行，則會讓負擔降低、使用壽命延長，是起了相輔相成的作用。

用電路學來解析三才五行，可以讓讀者多一個體會姓名學的工具與方法。三才相生是電流，比和是串聯，相剋就成為阻抗了。三才相生的電流順暢，但不會提升電壓；三才比和的電流會同時提升電量與電壓；而三才相剋就會減損能量，若是水火相射這類，甚至短路走火也是有可能的。說了這麼多，那五行加強型到底有哪些類別呢？現在來看看樣品屋。

▌三才中水或火比和，且附帶相生之五行

五行中水與火的屬性是比較劇烈的，因此三才配置是木火火、水水

金、火火土這種結構就具備了強化型的屬性，此外金金水或水金金也符合，若格局中帶有領導數則屬性更加明顯，也就是該格局可能同時具備雙重屬性，舉例如下。

張 11　　12 木 天格
詠 12　　23 火 人格　　三才
然 12　　24 火 地格
13 火 外格
35 土 總格

五行強化型之姓名格局配置一

陳 16　　17 金 天格
煦 13　　29 水 人格　　三才
嬡 16　　29 水 地格
17 金 外格
45 土 總格

五行強化型之姓名格局配置二

張詠然的格局就是先前介紹過的動靜兼備型，其三才配置木火火也同時具備五行強化型的特性，外格的火也產生了與三才並聯的作

用，總格 35 土得群火相生，好比強大的能量積蓄於此，在電路學來說就像是電容一樣，可謂得天獨厚的設計。

陳煦嬡的格局則是在領導動力型的基礎上，添加五行強化型的特性，三才雙水得天格金所生可謂水勢磅礴，加以外格金也來助一臂之力。您可能會問，那總格土要如何看待？其實也順理成章，總格土會與外格金相生，反而加強了水的能量，就像進了大門先到庭院轉悠一圈再進屋裡，雖然多花了一分鐘，但會更感覺心曠神怡的意思。

		黃 12	13 火 天格	
		國 11	23 火 人格	三才
11 木 外格		倫 10	21 木 地格	

33 火 總格

五行強化型之姓名格局配置三

而上面這間強大的樣品屋，木火通明的設計兼具領導動力型與五行

強化型的優點，顯而易見地格木生雙火，再連帶總格火是稍微吃力了點，但妙在庭園也種了不少樹木，提供源源不絕的燃料，可謂生生不息。若您住在這樣的房子裡，是否感覺精力充沛呢？此類型暫時介紹到這，我們再來看看另一類型。

三才配置為同一種五行

這個類型就比較好理解了，就是將單一五行的能量最大化。住在這樣的房子裡，屋主的某一種特質會明顯提升，因此這樣的房子不見得適合所有人，可能要針對命理需求斟酌選用，此時就必須參酌主人的生辰特質是否合用。我們先來看幾間樣品屋。

		邱 12	13 火天格	三才
		海 11	23 火人格	
13 火外格		棠 12	23 火地格	
		35 土總格		

五行強化型（炎上型）配置

這個配置套用當今時髦的說法可謂「炎上」，但大家可能都誤解了「炎上」的意涵，而往負面因素思考。其實「炎上」這個名詞在八字命學裡就有，木曰曲直、火曰炎上、土曰稼穡、金曰從革、水曰潤下，單一五行的專旺格局就以上述名稱命名，火性向上乃稱炎上。此姓名格局可謂火力旺盛天元一氣，擁有動靜兼備、領導動力與五行強化三種特性。妙在總格 35 匯聚了強大的能量，卻呈現安定平和的門面，有如主人具有鬥志昂揚、積極進取、使命必達的強大性格，但總是能展現與人為善、圓融處事的態度，您說這樣的設計好不好呢？

也因為這個類型受到天格五行的限制，加上筆畫吉凶的定義，並非所有姓氏都能配置。例如屬水的數理中僅有 29 與 39 是吉數，要配置三才水水水幾乎是不可能的（除非選用凶數），所以也無須強求這個類型。若您的姓氏可以配置則斟酌選用，若無法配置也有其他選擇。以下再介紹幾間樣品屋。

		趙 14	15 土 _{天格}	

                    趙 14   15 土 天格
                    英 11   25 土 人格   三
        15 土 外格   華 14   25 土 地格   才
        ─────────────────────────────────
                    39 水 總格

五行強化型（稼穡型）配置

這個格局是強化型中相對溫和的配置，蓋因土性包容萬物，比較不
受命局五行的限制。您可能想問：那總格 39 水會如何？當這是一
座堅固的城堡，外面有條護城河的概念也就順理成章了。前面有提
過，外格與總格是三才配置後自然產生的，不可能想要什麼五行就
出什麼五行。

                    徐 10   11 木 天格
                    紹 11   21 木 人格   三
        11 木 外格   恩 10   21 木 地格   才
        ─────────────────────────────────
                    31 木 總格

五行強化型（曲直型）配置

五行之中，木的強化型可謂天元一氣，而成為姓名學中的「曲直型」，20 畫的姓氏也可如此配置。三才具有參天大樹正直不屈的屬性，外格與總格如同灌木與花草相伴，成就一幅生意盎然的榮景。

李 7　　　　8 金 天格
御 11　　　18 金 人格　　三才
7 金 外格　　帆 6　　　17 金 地格
24 火 總格

五行強化型（從革型）配置

五行強化型中，7 畫姓氏的選擇是比較多的，但金的屬性比較銳利，仍需參酌命理特性來選用才能面面俱到。

這一節完整分析了姓名格局的類型與意義，而您肯定最關心自己的姓氏有哪些格局可以選用？請參閱第二章的取名秘笈。

● 根據生辰來選擇適合的格局

通常找命理老師取名，會附上一張八字命盤，順便解說一下寶寶或許缺了什麼五行要補、或者哪個五行太旺要制之類的，甚至再講幾歲前不能去廟裡、不能看人殺豬殺雞之類的小兒關煞等等。命理的名詞或術語看起來都很嚇人，您在接收這些資訊時也茫茫然甚至害怕，深怕寶寶會怎樣或將來會發生什麼事，但請先把這些不必要的擔憂都收起來吧。

您覺得命理這門學問，是玄學還是科學呢？這端看從哪一個角度來切入。若取名論命動不動就是沖煞犯忌裝神弄鬼、寶寶一生下來就剋父剋母或妻離子散這種說法，別說是玄學了，這根本跟邪魔歪道沒什麼兩樣，反正江湖術士先嚇人先贏，這樣他說什麼您都得信了，對吧？

但若採用科學的分析方法來闡述名字與命理對人生的正面意義，並

善用自己的優勢開啟美好的前程，則這門學問非但不是玄學，反而成為一門經世致用之學了。

那麼到底如何判斷寶寶的命理類型呢？我們先來看一下生辰八字的基本結構，您只要大致理解命盤的定義即可。透過網路程式輸入生辰便可獲得基本命盤，但若想更深入了解八字與人生的奧秘就必須親自排算，網路程式只能顯示原盤，而無法分辨特殊命格或干支合化後的變格，也不能判斷人生的藍圖與方針，甚至連命主的用神也無法辨別。筆者以多年教學與論命的經驗，帶各位以最快速簡便的方法來判斷寶寶的生辰屬性，而毋須理會網路公式化的命理解說。

首先來看一下八字命盤上的基本元件，若沒有先理解這些名詞的定義，那麼看命盤跟看無字天書沒什麼兩樣。

八字命盤範例——（偏財格取用神劫財）

劫財 菓	命主 花	偏財 苗	傷官 根	主星
辛巳	庚戌	甲寅	癸卯	四柱
庚 戊 丙	丁 辛 戊	戊 丙 甲	乙	藏干
比肩 偏印 七殺	正官 劫財 偏印	偏印 七殺 偏財	正財	副星

四柱

上方顯示根、苗、花、菓即為年、月、日、時，其天干與地支（由
右至左），為八字命盤的核心，命盤顯示為癸卯年、甲寅月、庚戌
日、辛巳時。天干、地支與五行就是八字命學討論的重點。

命主

就是命盤上的日柱天干，為本命元神或自己，命主顯示為庚金。天干地支與五行的關聯請參閱先前的說明。

月令

就是命盤上的月柱地支，代表節氣與環境的主體。月令以節氣月來論而非農曆月，節氣與月令的相關資訊請參閱下表。節氣的精確時間可查閱當年農民曆或通書皆有詳細記載。舉例來說，2023 年（癸卯兔年）立春的時間為國曆 2 月 4 日上午 10 時 42 分，那麼在此時間之前的命造為壬寅虎年 12 月，之後的命造才是癸卯兔年正月。有些網路程式較為粗糙並未設定節氣參數，但如此論命就不準確了，多輸入兩個程式來核對即可。範例命盤的月令為寅木，而月令的五行在命盤中享有最大的權重，因此多數命盤月令的五行會是全局比重最高的。

月令	地支	節/氣	季節	國曆起始日（節）	方位	五行
正月	寅	立春/雨水	初春	2/4-2/5	東	木
二月	卯	驚蟄/春分	仲春	3/5-3/6	東	木
三月	辰	清明/穀雨	春末	4/4-4/5	東	土
四月	巳	立夏/小滿	初夏	5/5-5/6	南	火
五月	午	芒種/夏至	仲夏	6/5-6/6	南	火
六月	未	小暑/大暑	夏末	7/7-7/8	南	土
七月	申	立秋/處暑	初秋	8/7-8/8	西	金
八月	酉	白露/秋分	仲秋	9/7-9/8	西	金
九月	戌	寒露/霜降	秋末	10/8-10/9	西	土
十月	亥	立冬/小雪	初冬	11/7-11/8	北	水
十一月	子	大雪/冬至	仲冬	12/7-12/8	北	水
十二月	丑	小寒/大寒	冬末	1/5-1/6	北	土

月令與節氣相關資訊一覽表

主星

天干五行除命主外所代表的意義，天干代表命主外在的特質，是讓大家看得到的屬性，如同地表的樣貌，十個天干皆為單一五行，性質純粹。範例命盤顯示的主星分別為：傷官（年）、偏財（月）與

劫財（時）。

藏干

地支所藏之五行。地支屬性比較複雜，為命主內涵的本質，也如同地質的成分是多元的，分為四正、四隅與四庫三組。四正者子午卯酉，除午火外皆為純氣；四隅者寅申巳亥，本體佔七成；而四庫者辰戌丑未皆為土，其中本體佔五成，其餘為中氣與餘氣。歸納如下便可一目瞭然，其中粗體顯示為地支本體。

- 子：**癸水** 100%
- 丑：**己土** 50%、癸水 30%、辛金 20%
- 寅：**甲木** 70%、丙火 20%、戊土 10%
- 卯：**乙木** 100%
- 辰：**戊土** 50%、乙木 30%、癸水 20%
- 巳：**丙火** 70%、戊土 20%、庚金 10%

- 午：**丁火** 70%、己土 30%

- 未：**己土** 50%、丁火 30%、乙木 20%

- 申：**庚金** 70%、壬水 20%、戊土 10%

- 酉：**辛金** 100%

- 戌：**戊土** 50%、辛金 30%、丁火 20%

- 亥：**壬水** 70%、甲木 30%

副星

地支五行所代表的意義，也就是命主內涵的各種潛質，特別是月令主體為命理所賦予的主要任務，若能透干（天干並見）則為使命清楚明白目標明確，若不透干但地支本氣並見也算是使命了然於胸；但若月令本體勢單力孤，甚至其他地支餘氣也不見，則代表人生的使命不易掌握，要多靠自己後天的啟發與修為了。範例命盤顯示的副星分別為正財（年）、偏財（月）、偏印（日）與七殺（時），其中月令偏財於天干並見（年月時皆可），代表上天賦予該命主的

人生使命清楚明白。

十神

主星與副星上的元件，簡述其任務與特性如下。

- **正官**：剋命主之物，陰陽之剋而制之有情，為規範與職權，如同文職。
- **七殺**：剋命主之物，同性之剋而制之嚴厲，亦為規範與職權，如同武職。
- **正財**：命主所剋之物，陰陽之剋而取之謹慎，為人際與穩健的財富。
- **偏財**：命主所剋之物，同性之剋而取之積極，亦為人際但為變動的財富。
- **正印**：生命主之物，陰陽相生而重之情理，表彰思維與才華，為正規學問。

- **偏印**：生命主之物，同性相生而重之邏輯，亦表彰思維與才華，為特殊技藝。

- **食神**：命主所生之物，同性相生而表之理性，為展現才華學以致用。

- **傷官**：命主所生之物，陰陽相生而表之感性，為展現才華但更顯極致與創新。

- **比肩**：命主的同性手足，會幫助命主但有所保留，也會索取合理的回報。

- **劫財**：命主的異性手足，會竭盡所能幫助命主，但也會索取比較多的回報。

至於十神之間的生剋關係請參閱下圖，與五行生剋的道理是完全相同的，五行所對應的十神也彰顯人世間的道理。差異在於每個人的五行定位不同，以範例命盤來說，命主的本命元神（比劫）為金，則食傷為水、財星為木、官殺為火、印星為土，而比劫生食傷、食傷生財星、財星生官殺、官殺生印星、印星生比劫，就如同金生水、

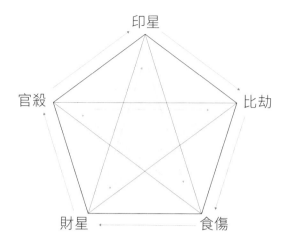

十神生剋圖（箭頭所示為生剋方向，相鄰為生交叉為剋）

水生木、木生火、火生土而土又生金。

反之，比劫剋財星、財星剋印星、印星剋食傷、食傷剋官殺、官殺剋比劫，就如同金剋木、木剋土、土剋水、水剋火而火又剋金，有了基本的認識後您再選取用神自能得心應手。

坊間論命常以五正星（正官、正財、正印、食神與比肩）為吉星，

以五偏星（七殺、偏財、偏印、傷官與劫財）為凶星，如此狹隘的二分法往往誤導大眾，我這裡用職業來比喻，相信您就能破解許多以訛傳訛的說法。

例如正官如同文職或公務員，而七殺如同軍警職或運動員，您說前者為吉後者就為凶，豈不是重文輕武了嗎？

又如正印為正規的學問或知識，而偏印指特殊的才藝或技能，您說前者為吉後者為凶，豈不是萬般皆下品唯有讀書高了嗎？

再來說到錢財應該沒有人不愛，正財為穩健的財富，如上班領薪資風險不大，偏財如做生意有可能會賠錢，但您說正財為吉偏財為凶，是否也太保守了些？

至於食神與傷官皆為命主才華的展現，是否溫文儒雅學以致用的食神才有氣質，而才情縱橫創新求變的傷官就是放蕩不羈呢？

最後大家看到劫財肯定是害怕的，深怕命中的錢都被劫走了，但怎不換個角度想，若您願意多分給別人一些，別人是否會更盡心幫助您？在範例命盤中，劫財正是命中最得力的助手，我等會兒就來說明。

格神

格神是上天所賦予的人生任務。

通常月令本體直接取為格神，但若本體於天干未並見，甚至受到其他干支的牽絆或剋制，則可能要另覓格神。命理教材通常建議以月令藏干有透干者擇一來論，通俗說法就代表本業不專精，而朝向副業發展之意。

另一種情形是月令本體雖未透干但於其他地支並見，亦可取為格神，這也算使命了然於胸；但若月令勢單力孤，則代表使命不明，只能多靠自己後天的啟發來尋找合適的方向。範例命盤顯示格神為

偏財並且透干，是屬於使命清楚明白的命型。

用神

用神為執行任務最得力的助手。

範例命盤中，有標示色塊的十神即是用神。當人生使命確定後，就
必須從命盤中尋找一位得力的助手。要注意的是，必須命盤中有見
方能為用（**通常是干支本氣才能為用，地支餘氣不堪為用**），原則
上常規命格以調和之道來選取用神，特殊命格則直接以格神本身為
用神，請參閱以下所示之基本原則與內容所述的變通原則。若讀者
能理解用神的意義，如同看病能找出病因對症下藥，那也就掌握了
八字命學最精要的部分了。

此外有以下三點需要特別強調：

　　　　選取用神為論命首要之務，看錯用神等於看錯命。

網路命盤程式沒有辦法判定用神，需要自行排算。

通常說命中缺什麼五行就補什麼五行，未必正確。

格神官殺取用神印星

▌月令格神正官或七殺者為社會導向，代表上天給予命主規範與制約的環境，是屬於服從上級進而升遷發展的人生定義。

1. 所謂民不與官鬥，以印星化官殺之氣來生身，如同以智慧與專業來完成任務，而避免與上級衝撞為最佳選擇。

2. 若命盤內沒有印星可用，只能權取比肩或劫財以抗之。如同心裡不服規範與制約而與之對抗，如此效果就差了一些，多深思熟慮而少衝動才能如意。

3. 若命盤中印星氣勢明顯大於官殺時，表示命主的自我意識凌駕規範與制約，這時反而宜取財星制印為用，代表多用人和處事方能順遂。

4. 若命盤官殺明顯而比劫亦不弱時，可兼取食傷制官殺為用。好比在一個機關團體內，自己也有相當實力足以用些手段制衡上級，但此法兵行險著需慎用。

5. 若印星與比劫皆無，則為特殊格局從官殺格或從勢格，便要逆勢取官殺為用神，代表上天給予逆境而沒有任何幫助命主之物。如能審時度勢以符合環境變遷，則將較常規格局有更大成就的可能；反之則更為艱辛。如金庸小說《笑傲江湖》裡的獨孤九劍，招招都是從失敗中悟出的道理，若能修練成功，將比任何劍法都更加厲害。

下列命盤為月令格神七殺，取用神偏印之範例。局中官殺星旺盛，則取日支偏印化官殺之氣來生身為用，是典型的武官型命造。不取食神或傷官制官殺為用的原因，在於命主本身元神單薄，能順勢而為就不用兵行險著。

七殺格取用神偏印之範例

菓 食神	花 命主	苗 正官	根 傷官	主星
癸 巳	辛 丑	丙 午	壬 寅	四柱
庚 戊 丙	辛 癸 己	己 丁	戊 丙 甲	藏干
劫財 正印 正官	比肩 食神 偏印	寅午化丁火 七殺	寅午化丁火 七殺	副星

格神財星取用神比劫

▌ 月令格神正財或偏財者亦為社會導向，代表上天給予命主人際與情感的環境，正所謂人和即是財富，屬於共創互助、和氣生財的人生定義。

1. 既然是和氣生財，就必須展現積極熱誠的態度與樂善好施的胸懷，因此以比劫為用也就順理成章。願意分享，則他人更當竭

盡所能相助之意。

2. 若命盤內沒有比劫，只能權取印星為用，如同表面上與人為善處事圓融，但內心卻充滿自己的意見而顯得壓抑自我，要多加培養積極開朗的性情。

3. 但若命盤中比劫的勢力明顯大於財星時，表示命主過於強勢，此時就要取官殺為用，適度制約命主的氣勢，方能和氣生財。若局中也沒有官殺星時，改以食傷洩秀為用，也是可行之道，彰顯命主豪情萬丈，那麼就多多付出、照顧大家，也是美事一樁。

4. 若是格神財星勢單力孤卻又印星旺盛，就比較矛盾了。您可以設想一位意識思維很強的青年，卻從事公關或業務工作時該如何呢？除了期許自己多用人和處事，更需要培養溝通的能力，以格神財星為用神也就順理成章。

5. 若命盤內比劫與印星俱無者，為特殊命格從財格或從勢格，代表上天給予命主商場與人際上的逆境而沒有任何奧援，此時就必須融入環境、審時度勢，以謀求生存之道。例如新冠疫情造

成許多企業經營上的困境，卻有人反而異軍突起、有聲有色一

般，這個類型的格局自然就以格神財星為用神。

請再參閱本單元最初的範例命盤，為「格神偏財、取用神劫財」的

例子。局中財星旺盛，而時干劫財自然是最得力的用神，有了能力

強大的幫手，多分一些酬勞給他又何妨？這是典型的經商型命造，

偏財格無比劫而權取用神偏印之範例

菓 七殺	花 命主	苗 偏財	根 傷官	主星
丙戌	庚戌	甲寅	癸卯	四柱
丁 辛 戊	丁 辛 戊	戊 丙 甲	乙	藏干
正官 劫財 偏印	正官 劫財 偏印	偏印 七殺 偏財	正財	副星

4　姓名學在說什麼

不取偏印為用神的理由，是因為有了得力的幫手，就用不著委屈求全來做生意了。

左圖之範例同樣是格神偏財，但局中無比劫星，只能權取偏印為用的情況，這樣的命型也就需要命主多多提升自己的行動力，將理想與思維付諸實踐就不需要委曲求全，自然能獲得財富。

格神印星取用神財星

▍月令格神正偏印者為自我導向，代表上天給予命主專業與思維的環境，善加運用當可在各個領域深入堂奧，成為優秀的工程師、文學家、藝術家或專業人士。

1. 理念與人際往往是對立的，印星旺盛則思維較高自然不易相處，需要以人和來制約，因此以財星制印為用也就順理成章。

2. 若局中印旺而無財星時，則權以官殺制約命主，或以食傷洩秀為用。然而官與印相生，於制約命主行動的同時，卻更強化自我意識。食傷為用雖能展現所學，但印星本有剋制食傷之能，

因此成效有限，皆不如財星好用。這樣的情況就需要命主放下自我身段，多依規矩行事或多加溝通，自可如意。

3. 若格神印星勢單力孤，而比劫星旺盛時，則改採官殺制之為用。此代表命主天性較為直率，行動容易超出理性範疇，需加以規範制約。

4. 若是局中除格神印星外印比俱缺，反而要以印星自身為用，否則上天賦予的使命就無法發揮了。如同理念受各種環境因素制約，而難以施展之意，需要強化意志與行動力才能水到渠成。

5. 少數情況是滿盤印星或比劫，而無官殺、財星與食傷加以制衡，則屬於特殊格局從印比（從強）格，代表上天賦予命主極致的思維與登峰造極的專業精神，而不需受人際與紀律的牽絆，以印星為用自是理所當然。您可以想像，這就像有位傑出的畫家只專注於畫作，需要有經紀人的協助，才能辦展覽或銷售作品一樣。其實各領域的專業人士諸如藝術家、運動選手都有經紀人制度，就是希望他們心無旁騖地從事專業，社會上的事交由他人處理就好。差別在於，常規型的印格命主本身就具有一定

的社會特性，而特殊類型從強格就好比上天將命主所有的能力都賦予在專業層面之上了。

下列範例為格神正印，權以七殺制命主為用的特殊情況。此範例因殺印貼生難以制約命主（七殺水去生印星木了，沒有能力再去制約命主丁火），若改列為從強格也未嘗不可，此時以格神正印為用也

格神正印無財星而權取用神七殺之範例

菓 七殺	花 命主	苗 正印	根 七殺	主星
癸 卯	丁 巳	甲 寅	癸 卯	四柱
乙	庚 戊 丙	戊 丙 甲	乙	藏干
偏印	正財 傷官 劫財	傷官 劫財 正印	偏印	副星

是順勢而為，代表命主不但具備才學，更能在專業領域擁有權威。這裡舉這個例子，是希望讀者了解命理並非斷章取義一成不變，一切要以對命主有利的方向來解讀才是正道。

格神比劫取用神官殺

▌ 月令比肩者為建祿格，劫財者為月刃格或月劫格，兩者亦為自我導向，較為特別之處在於上天並未賦予使命，而是給予較強的鬥志與執行力，由命主自行決定發展方向。

1. 由於月令與元神天人合一，建祿月劫格的命主除非滿盤官殺剋制、或滿盤食傷洩身要以月令比劫為用之外，在元神不弱甚至偏強的情況下，以官殺制約命主為用自是順理成章。此處用《西遊記》中的孫悟空為例，相信您比較容易理解。孫悟空擁有天罡卅六變上天下地無所不能，因此唐僧給他戴上了緊箍咒，以免一時衝動就大鬧天庭。

2. 若命盤內無官殺則權用食傷洩秀，既然自己這麼屬害，就多多展現所長或多多為人服務，也是水到渠成。

3. 又命盤中若印星勢力大於比劫時，則改以財星為用。因這時本身已鬥志昂揚，再加上強大的主見恐怕不利與人相處，只好改用人和來約束命主。

4. 如果命盤中沒有官殺與財星，則可能為專旺格或從強格，代表上天賦予極致的鬥志與執行力，而無需受社會所牽絆。當然，這樣的命型就必須看命主自己的修為，來決定從善或從惡了。

請參閱以下建祿格取正官為用神的範例，命主元神強健，取時支正官為用自是順理成章。而專旺格（曲直格）則以劫財為用神，命盤中寅卯辰三支為東方三會俱化為乙木，這樣的合化局在電腦論命是看不出來的，若命理工作者本身命學素養有限、或經驗不足，就會誤判。

特殊格局必須要在年月天元一氣的狀況下比較容易產生，例如癸卯年的甲寅月，干支都是木且有水相生，若日時配合得宜就有機會構成特殊格局。

建祿格取用神正官之範例

菓 劫財	花 命主	苗 比肩	根 偏印	主星
甲申	乙丑	乙卯	癸卯	四柱
戊 壬 庚	辛 癸 己	乙	乙	藏干
正財 正印 正官	七殺 偏印 偏財	比肩	比肩	副星

專旺格局（曲直格）取用神比肩之範例

菓 劫財	花 命主	苗 比肩	根 正印	主星
乙亥	甲辰	甲寅	癸卯	四柱
甲 壬	癸 乙 戊	戊 丙 甲	乙	藏干
比肩 偏印	寅卯辰化木 劫財	寅卯辰化木 劫財	劫財	副星

格神食傷視全局結構選取用神

▌格神食神或傷官者，為上天賦予命主較強的溝通、展現與創新求變的特質，屬於兼具自我與社會兩種屬性的命型。至於這個格局應歸類為自我型或社會型？這就要看命局其他十神的配置。

1. 若命局以印星與比劫為主，就歸為自我型，代表命主強大的自我展現特質，若印星偏旺當以財星來制約印星為用。若比劫勢眾，則代表命主具率性純真不受拘束的本質，就得取官殺制約比劫為用。

2. 若命局財星與官殺較強，則歸為社會型，代表命主付出自我、融入社會的特質。付出自我當然就消耗元神之氣，若局中財星偏旺，則取比劫任財為用，彰顯與人共創互助生生不息之意。若局中官殺偏旺，則命主一方面食傷洩身，另一方面又受官殺制約會顯心力憔悴，此時以印星制食傷兼化官殺之氣來生身，可收一舉兩得之效。

3. 若命局食傷支強且透干，且無印星制衡亦無官殺牽絆，則可能

成為特殊格局從兒格（食傷為命主所生之物，即為兒孫之意），代表上天賦予命主極致的表達展現與創新求變的力量，自然不受規範制約以及理念的牽絆，此時就以格神食傷為用，並喜適度的比劫幫身以及財星彰顯成果，畢竟兒孫滿堂若沒有錢可是很難養的！

請參閱以下食神格以印星化官殺之氣，並同時制約過旺的食傷星為

食神格取用神偏印之範例

菓 七殺	花 命主	苗 食神	根 劫財	主星
戊申	壬寅	甲寅	癸卯	四柱
戊 壬 庚	戊 丙 甲	戊 丙 甲	乙	藏干
七殺 比肩 偏印	七殺 偏財 食神	七殺 偏財 食神	傷官	副星

特殊格局（從兒格）取用神食神之範例

菓 傷官	花 命主	苗 食神	根 劫財	主星
乙 巳	壬 子	甲 寅	癸 卯	四柱
庚 戊 丙	癸	戊 丙 甲	乙	藏干
偏印 七殺 偏財	劫財	七殺 偏財 食神	傷官	副星

用神的範例。您看食神加上傷官勢力龐大，彰顯命主非凡的創新與展現特質，自然是要拿出真才實學來淬鍊格神方能大放異彩。另一個則是特殊格局從兒格，取食神為用神的範例。

以上區分五大類格神來剖析八字命理與人生的基本關係，您若看得一知半解也沒有關係，畢竟命學非常深奧不可能如此短短篇幅就能

一窺全豹。以上內容是我以最快速、最簡便的方式，帶各位父母從寶寶的生辰中理解兩個最重要的元素：

人生的使命（格神）

得力的助手（用神）

有了這兩個元素，便能理解上天賦予寶寶的人生藍圖與啟動的方法，身為父母的您自然可以提綱挈領，作為教育孩子的方針。命盤中比較強的十神，代表寶寶相對應的特質比較明顯，善加運用自然可以成為將來人生職場上的利器；而比較弱或欠缺的十神，代表其相對應的特質不明顯或不擅長，那麼透過適當的教育也可以相輔相成加以補充。

那麼寶寶的命理、人生與姓名格局有何關聯呢？這裡總結以下的觀念與運用方式供父母們參考。

生辰八字不會影響天賦基因與品德是非

科學時代要以科學的精神來看待命理，當母親懷孕的那一刻，寶寶天賦資質的基因就已經確定不會改變，再經過重重產檢的考驗，當醫師說您的胎兒健康無礙，就必定是個優秀的孩子。

您可能會問：既然如此，又為什麼要論命呢？

命盤是出生的那一刻起才獲得的，以西洋的占星學來論也是如此，在寶寶出生前是沒有命盤的。待寶寶出生，上天根據當時的生辰賦予一張命盤，以科學的說法就是晶片，當然晶片可能是家用型（常規型命盤）或專業型（特殊型命盤），沒有誰優誰劣之別，如何善用這塊晶片才是重點。

若命理術士說某個生辰資質優異、換個生辰變資質駑鈍，或者說這個生辰會孝順父母、換個生辰剋父剋母，這就有點裝神弄鬼了。您

都還沒用這塊晶片呢！這就好比一台汽車的設計，總不能因為這台車馬力強大，就預測它某年某月會去撞人或發生車禍吧！

再說得清楚明白些，命盤就像車子的晶片或設計，而父母遺傳給孩子的基因就像不同廠牌生產的車子，每個廠牌都有自己獨特的風格，同樣晶片的車子來自不同的廠家，就像同一張命盤來自不同的家庭一樣，開車的畢竟還是人啊！如何開好這輛車才是需要關心的，如何教育孩子才是重點。

姓名格局不會改變生辰八字與吉凶禍福

生辰八字關乎出生時的天象或大地節氣，是上天賦予的藍圖；而姓名學卻是命理界為取名所制定的方法。制定章法的人理念不同，就產生了不同的學派，而由人來制定的章法如何能逆天而行？更何況不同的學派間經常互相抵觸，何必非得信我者才能吉祥如意、不循我學派者就人生破敗呢？

論命的目的應是啟發人的光明與善性，不論父母為寶寶取名時是否依據姓名學的某個學派、或根本不去排算這些，只要名字本身具備光明正向的意義便是圓滿。姓名學是命理界制定的形式，如何善用自身的天賦特質來啟發美好人生才是關鍵。

依據生辰八字的定義來選取姓名格局

熊崎氏姓名學是命理界的最大共識，如同在台灣大多數的人都信奉佛道教一樣，筆者估計約七成命理工作者會使用這樣的論述來取名，至於運用如何就得看道行高低。建議您可以參考以下的方法來選擇姓名格局。

平安型格局

平安型格局包含**基礎穩健型**、**美滿如意型**、**安定守成型**，適合所有命型使用，平安是福肯定不會有錯。若您覺得人生沒有比安定更重要的事，就儘管放心選擇此格局；但若您對寶寶有更大的期望，可

以參考以下的更多選擇。

進取型格局

1. **穩健進取型**：適合本命元神較為單薄者、財官較旺者，而父母如傾向寶寶以安定為本，可選用此型。這個類型能提供較強的動力與進取精神。

2. **動靜兼備型**：兼具強大與安定兩種特質，因此所有命型都適用。此類型深獲新一代父母的青睞，是得天獨厚的設計。

3. **活力順遂型、活力進取型**：適合元神較強、印星較旺或自我意識較高的命型，可以提供良好的社會性，將自己的能力用之於社會。

4. **勉勵進取型**：適合自我意識較高、食傷較旺或善於展現的命型，既然有能力展現自我，就努力符合長官的期待、獲得部屬的認可，當能以德服人。

強大型格局

1. **領導動力型**：適合本命元神較弱、印星欠缺或財官較旺的命型，可提升自我的能量與鬥志，方能任官取財。若本命屬自我型，但父母希望孩子更強大些也可放心選用，因為這個類型各姓氏都具足不缺很難迴避。

2. **五行強化型**：此類型需要看寶寶命盤的五行結構來評估，若強化的五行是命中所需自然如虎添翼，但若為命中所忌就要斟酌。

姓名格局的選用沒有絕對的標準，上述方法是筆者歸納命理與姓名學的定義，為父母們提供取名時選用的方向。您不必過度拘泥非得選擇哪個格局，畢竟在天格的限制下，還必須兼顧數理吉祥與三才結構的良好，也不可能面面俱到，盡可能配置適當的格局即可。

● 為什麼大家都在討論生肖

遍覽歷史論述，都沒有看到將生肖用於取名的記載，那麼這個方法

又是如何登上姓名學的舞台，並且能與熊崎氏姓名學分庭抗禮呢？
即使是採用其他命名派別的老師，也可能或多或少配合生肖來取名；
甚至完全以生肖之說來命名者，我推估目前可能也佔有兩成的比
重。

即便當代許多命理先進已提出生肖之說不合時宜，然而坊間資訊仍
繪聲繪影地擴大解讀，讓人不得不正視這個問題，因此需要加以探
討。

首先，我們來看看生肖派是怎麼產生的。為了正本清源，我也花費
不少功夫來探索，不同於熊崎氏姓名學是由白氏集其大成，生肖派
卻是當時命理界為了對抗熊崎氏學派而衍生的集體產物。

日治時代，熊崎氏姓名學經白氏引進後，對傳統命理界造成了巨大
的衝擊與影響。此雖為命理界帶來了取名這門新生意，但熊崎氏的
論述顛覆了正統河洛五行與數理的精神，自然也有許多命理界人士

不願配合，於是紛紛運用**易經卦象、奇門遁甲、八字十神、紫微九宮、納音天運**等論述，在熊崎氏的架構上加以改良，企圖建構自己的姓名學派來對抗。但因成效不彰，最後集思廣益，想出大眾耳熟能詳的龍爭虎鬥、牛頭馬面、雞飛狗跳、蛇鼠一窩、豬羊變色等生肖之說。由於淺顯易懂，馬上獲得許多民眾的認可，而能與熊崎氏姓名學分庭抗禮。至於當時根據熊崎氏論述所衍生的姓名學派別，至今都還有少數命理工作者在使用。

數千年來，為新生兒命名原本是文人的工作，由於白氏的歸國造成趨勢丕變，文人逐漸失去了命名的話語權，採用命理方式取名便成為主流。然而文人與術士的背景不同，文人命名講究的是典故、寓意與內涵，風格來自《詩經》、《尚書》、《楚辭》等，可謂包羅萬象、美不勝收；而術士學的是陰陽五行，自然就少了文人的書卷之氣。

當時家家戶戶都會生許多孩子，許多人家的大寶出生時由文人命

名，取名的先生還會引用優雅的典故；這回生了二寶，見街坊鄰居都改找命理師、說比較有福氣，就也跟著找了。但父母們也還是想聽聽名字的典故啊！這下子可難為了命理師們，論陰陽五行是很厲害，要講文意典故恐怕就一窮二白了。但命理師既能為人指點迷津，自然也不是省油的燈，便將當時與熊崎氏叫板的生肖之說搬上檯面。

「您的寶寶是鼠年生的吧，那麼老鼠愛鑽洞，洞是老鼠的家，選口多的字就有房子有土地了！」

「您的寶寶是牛年生的吧，牛吃草不吃肉，選有艸的字就福氣，若用有月的字會讓牛吃不到就沒福氣了！」

沒想到此招一出成效斐然，實在太符合市場需求了，吃飽喝足比什麼都重要，詩人墨客風花雪月都是假的。就這樣，國人的名字漸漸失去琴棋書畫詩酒花的意境，卻多了柴米油鹽醬醋茶的需求。正因

　　　　　　　　4　姓名學在說什麼

如此，部分命理師也開始拿生肖之說來為人取名。

那個年代由於環境艱苦且教育欠缺，國人普遍識字有限甚至文盲比例不低，多數家庭的出路也是務農或做工，衣食無缺自然是眾人一致的期望。若屬牛或羊的人看到自己的名字有艸有禾、屬虎或狗的人看到自己的名字有心有月，就也倍感寬慰，而對人生產生了希望。部分命理師以這樣的方式取名也算用意良善，這也正是最初生肖派的立論宗旨。

不想有些不肖術士，卻利用生肖之說淺顯易懂及人性的弱點大行其道，藉此恐嚇未依此法取名者必須改名，否則將無福多災，甚至擴大解讀、穿鑿附會，諸如：牛不能見日，因為看到太陽就辛苦（日出而作、日入而息不是真理嗎？）；狗不能見日，因狗看到太陽也會吠叫兩聲，多管閒事（此說何來？）；鼠不能見日，因為都躲在洞裡；蛇不能見日，因為蛇會被太陽烤乾……等等。以致生肖之說的沖煞犯忌愈來愈多，多到用什麼字都怕。虎不能有山否則縱虎歸

山、虎不能有地否則虎落平陽、虎不能有穴否則虎藏於洞變成病貓……那麼虎到底要在哪裡才沒事？

說到這裡，您應該明白生肖之說的脈絡了。本書將坊間關於生肖的主要論點歸納如下。因生肖派許多說法是後人不斷加上去的，以致忌諱愈來愈多，其中許多論點亦有自相矛盾或荒唐之處，若真的在意生肖之說加減參酌一下無妨，切莫只將您可愛的寶寶當作動物來看待。

一　生肖鼠

喜用字

- 喜米、豆、艸、禾部字，鼠喜食五穀，俗說老鼠愛大米。
- 喜口字形或宀字形，鼠喜穴居。
- 喜王部或君王意象，鼠為生肖之首。
- 喜糸、巾、衣、采、示部字，鼠喜彩衣華麗其身。

- 喜申、子、辰字根，鼠為子，申子辰表猴、鼠、龍三合。

避用字

- 避日部字，鼠怕見光。

- 避辵、弓、几、邑部字，表蛇象，鼠怕蛇。

- 避人部字，鼠亦怕人。

- 避火部字，鼠為水，水火相剋。

- 避馬部字與午字根字，鼠地支為子、馬地支為午，子午相沖。

二　生肖牛

喜用字

- 喜米、豆、艸、禾部字，牛為草食動物。

- 喜田字根字，牛於田中工作適得其所。

- 喜宀部字，牛喜庇蔭能遮風避雨。

- 喜巳、酉、丑字根，牛為丑，巳酉丑表蛇、雞、牛三合。

- 喜車部字，牛拉車代表升級為馬。

避用字

- 避用心部與肉月部字，牛不吃肉。

- 避用未字根字或羊部字，牛地支丑、羊地支未，丑未相沖。

- 避用糸、巾、衣、采、示部字，牛為三牲，用之代表上供。

- 避用日、山部字，象徵辛苦。

- 避用君、王、大部字，牛過大易成祭品。

三　生肖虎

喜用字

- 喜山、木部字，虎生於山林間。

- 喜王、君、大部字，虎為森林之王。

- 喜寅、午、戌字根，虎為寅，寅午戌表虎、馬、狗三合。

- 喜用心部與月部字，虎食肉。

- 喜糸、巾、衣、采部字，可華麗其身。

- 喜水、木部字，寅為木且水生木。

- 喜宀部字，虎為穴居。

避用字

- 避用金、申部字，寅申六沖且金剋木。

- 避用人部字。

- 避用日、光部字，虎喜夜行。

- 避用田字根或平地意象字，人稱虎落平陽。

- 避用米、豆、艸、禾部字，虎食肉，給草吃不到沒福氣。

- 避用口部字，虎性兇殘，開口便傷人。

- 避用門部字，虎被關住難顯其威。

- 避用小部字或意，虎小則變貓。

- 避用示部字，虎不能放在宗廟祠堂。

四　生肖兔

喜用字

- 喜口、田部字，兔喜鑽洞。

- 喜米、豆、艸、禾部字，兔為草食動物。

- 喜亥、卯、未字根，兔為卯，亥卯未表豬、兔、羊三合。

- 喜糸、巾、衣、采、示部字，兔子毛色漂亮。

- 喜木部字，卯為木。

避用字

- 避用宀部，兔加上宀會變冤。

- 避用心部與月部字。

- 避用金、酉、佳部字，卯酉六沖雞兔相沖，佳部有雞之意，而金亦剋木。

- 避用日部字因月代表兔，用之日月對沖。

- 避用人部字，守株待兔。

- 避用君、王、大部字或君王意象字，兔子乃小動物，無福稱王。

- 避用山部字，兔在山中成其他動物的美食。

五　生肖龍

喜用字

- 喜日、月部字與星、辰、雲等天空意象字，飛龍在天。

- 喜水部字，龍喜水。

- 喜用君、王、大部字或君王意象字，龍的地位最高。

- 喜申、子、辰字根，龍為辰，申子辰表猴、鼠、龍三合。

- 喜馬、午部字，馬為午，象徵龍馬精神。

避用字

- 避用戌、犬字根字，辰戌六沖，戌為狗。

- 避免山部或與虎有關字，象徵龍爭虎鬥。

- 避用口、宀部字，形成困龍之象。

- 避辶、弓、几、邑部字，表蛇象代表降格。

- 避用心、月、艸、禾、豆部字，龍不食人間煙火。

- 避用小、人、臣、士、少等字根字，龍不為人臣。

六　生肖蛇

喜用字

- 喜口、田部字，蛇喜藏於洞穴陰濕之處。

- 喜木部字，蛇喜上樹，象徵升格為龍。

- 喜糸、巾、衣、采、示部字，披彩衣象徵升級為龍。

- 喜巳、酉、丑字根，牛為丑，巳酉丑表蛇、雞、牛三合。

- 喜辶、弓、几、邑部字，與蛇自身形象符合。

- 喜心、月部字，蛇亦食肉。

- 喜用小、人、臣、士、少等字根字，蛇為小龍。

避用字

- 避用亥、豕部字，巳亥六沖，豬為亥。

- 避用日部字，蛇喜陰濕不喜日怕被烤。

- 避用水部字，蛇為巳屬火。

- 避用人部字，蛇怕人。

- 避用米、豆、艸、禾部字，蛇食肉不吃素。

七　生肖馬

<u>喜用字</u>

- 喜糸、巾、衣、采、示部字，良馬才能披彩衣。

- 喜目部字，馬有大眼象徵人緣。

- 喜龍相關字形，象徵龍馬精神。

- 喜米、豆、艸、禾部字，馬為草食動物。

- 喜木部字，因馬喜林間來去自如。

- 喜寅、午、戌字根，馬為午，寅午戌表虎、馬、狗三合。

- 喜宀部字，象徵馬廄。

避用字

- 避用田部字，象徵馬降級為牛。

- 避用山部字，象徵辛苦。

- 避免名字出現兩個口，馬加兩口為罵。

- 避用其或奇音之字，馬怕被騎。

- 避用雙人部字，好馬不讓第二人騎。

- 避用心部與肉月部字，馬不吃肉。

- 避用水、子部字，馬為午，子午沖水火不容。

八　生肖羊

喜用字

- 喜米、豆、艸、禾部字，羊為草食動物。

- 喜亥、卯、未字根，未為羊，亥卯未表豬、兔、羊三合。

- 喜木部字，卯為木表示三合。

- 喜足部字，羊喜跳躍。

- 喜几部字，象徵羔羊跪乳。

避用字

- 避用心部與肉月部字，羊不吃肉。

- 避用君、王、大部字或君王意象之字，羊過大易成祭品。

- 避用水部字，羊喝水會影響健康。

- 避用丑字根或牛部字，未為羊，丑未六沖。

- 避用糸、巾、衣、采、示部字，羊為三牲故用之代表上供。

- 避用人、刀、皿、金、車等部字。

九　生肖猴

喜用字

- 喜口、宀部字，表水濂洞，猴子喜居其間。

- 喜木部字，猴喜棲息於樹上或林間。

- 喜人、言部，猴子喜學人類言語。

- 喜王、君部字，猴子喜歡稱王。

- 喜申、子、辰字根，申為猴，申子辰表猴、鼠、龍三合。

- 喜糸、巾、衣、采、示部字，猴子愛學人裝扮。

避用字

- 避用金、酉、西、兌、鳥等意象字。

- 避用米、豆、艸、禾部字，猴喜作賤五穀糟蹋糧食。

- 避用寅。虎字根字，寅申六沖與虎相沖。

- 避用力、刀、君、將意象字，有之不吉。

- 避用口部字，象徵猴被關住。

十　生肖雞

喜用字

- 喜米、豆、艸、禾部字，雞喜食五穀。

- 喜山、日部字，雞喜站山頭高處，公雞啼日。

- 喜糸、巾、衣、采、衫部字，象徵羽毛漂亮。

- 喜單腳字，象徵金雞獨立腳部健康。

- 喜小部字或意，雞長大了會被人吃。

- 喜宀部字，象徵棲身之所。

- 喜巳、酉、丑字根，酉為雞，巳酉丑表蛇、雞、牛三合。

避用字

- 避用卯部字或東方意象字，卯酉六沖雞兔相沖。

- 避用金部字，金金相逢易衝突。

- 避用心部與肉月部字，雞不吃肉。

- 避用君、王、大部字或君王意象字，雞過大易成祭品。

- 避用開腳字，腳開表示生病。

- 避用犬、戌部字，象徵雞犬不寧。

- 避用多口字，象徵七嘴八舌。

- 避用示部字，表示上供。

- 避用人、刀、皿、石、血、手等部字。

十一 生肖狗

喜用字

- 喜人部字，狗是人的好朋友。

- 喜寅、午、戌字根字，狗為戌，寅午戌表虎、馬、狗三合。

- 喜糸、巾、衣、采部字，狗披彩衣可增威勢。

- 喜宀、入部字，象徵有家有人養為好命狗。

- 喜心、月部字，狗亦食肉。

- 喜小、人、臣、士、少等字根字，小狗比較可愛。

避用字

- 避用雙人部字，好狗不事二主。

- 避用米、豆、艸、禾部字，狗食肉。

- 避用雙口字，為哭。

- 避用日部，狗愛管閒事，看到太陽也會叫兩聲。

- 避用田部字，狗喜踐踏田間作物。

4 姓名學在說什麼

- 不喜隹、犬字根與意象字，為雞犬不寧。

- 避用辰字根或龍意象之字，辰戌六沖龍狗六沖。

- 避用木部字，狗為戌是土，木剋土。

- 避用水部字，狗為戌是土，土剋水。

十二　生肖豬

喜用字

- 喜米、豆、艸、禾部字，豬食五穀雜糧。

- 喜人、宀部字，代表有人養為好命。

- 喜田部字，豬在田間有五穀吃。

- 喜口部字，豬張口就有得吃。

- 喜亥、卯、未字根，亥為豬，亥卯未表豬、兔、羊三合。

- 喜金、木部字，金生水、水生木。

避用字

- 避辵、弓、几、邑部字，表蛇象，巳亥六沖蛇豬六沖。

- 避用糸、巾、衣、釆、示部字，豬為三牲代表上供。

- 避用君、王、大部字或君王意象字，豬過大易成祭品。

- 避用開腳字，象徵豬生病。

- 避用刀、皿、石、血、手等部字。

說實在話，生肖之論若您不特意質疑，或許看得理所當然，而受其影響；若您原本深信生肖之說，也可能覺得我故意找碴。但身為專業命理工作者，不得不深究生肖上刑沖破害乃至生剋合會的說法，正是一堆破綻百出、雙重標準、自相矛盾、沒有統一規範的組合；再加上許多打草驚蛇、繪聲繪影的描述，更多情況是一個字之中一半為喜、另一半為忌的情形，又該如何看待？

舉例來說，許多生肖派姓名學的內容提到猴居水濂洞，因此喜歡口

型的字；但又同時提到猴子不喜歡被關住，因此要避用口型字。這就產生自我矛盾的情形，如此口型字到底能不能用？又如生肖屬羊者喜歡吃草，但又忌諱見到人以免被人順手牽羊，那麼像「蒨」或「蓓」這樣的字是喜用還忌用呢？也難怪目前許多命理先進已經提出反對生肖之說的論點，而必須回歸正統的姓名學派來討論。

當然，我並不建議以生肖之說來取名，上述原因還是其次，主要是造成許多不良影響，歸納如下。

生肖之說將人比喻為動物乃是向下沉淪之舉

生肖固然是民俗說法，但歷代也未有將人喻為動物來命名的記載。基於對抗熊崎氏姓名學而衍生的生肖之說，雖屬急就章的方式、也有其時代背景，然正因是匯聚眾人意見後草率推出，而欠缺有如白氏之於熊崎氏學理的集大成者，以致東拼西湊而造成各生肖間未有統一標準。後來標榜以生肖取名者，也僅根據既有論點不斷加油添

醋，而使這個醬缸子愈加混濁。

此外一再將人比喻為動物的思維，容易讓當事人將自己視為生肖所屬動物來看待。例如屬鼠者不能見光喜陰暗洞穴、就將日或陽光之意象視為寇讎，或者若見到口或穴就能安然躲在洞裡⋯⋯此等負面期望的寓意，久而久之也容易使自己向畜生道或餓鬼道沉淪，父母為寶寶命名時切莫忽視此等負面靈力的作用。

生肖之說曲解文字意涵，違反中華文化根本之道

通常以生肖之說來取名者，重視的是「字形」而非「字意」，經常將正面良善的字意視為負面，卻將意涵不當的文字視為吉祥。

例如第三章提到「懷安」的例子，是壬寅年間有對夫妻請我為寶寶取名，並提到先前也請了其他老師取名，這位老師針對名字的第一字提供五個字，因生肖虎喜食肉，故都提供「心」部字；第二字

也提供五個字，因虎為穴居故，皆提供「宀」部字，讓夫妻任選名一加名二即可（坊間一般老師普遍採用此命名模式）。而這對夫妻原本希望從第一字選「懷」、第二字選「安」來組成懷安，問我此名是否良好。我先排除姓名學理，只問他們是否知道懷安的典故為何？再看一下教育部辭典的解釋，懷安乃是「苟且安逸」的典故：

徒欲懷安，必肆其志，不惟古人亦有翻然改節以隆斯民乎！
——《三國志·卷一一·魏書·管寧傳》

顯見就算兩個好的文字拼湊起來，也可能會變成不好的意涵。

而這個例子還算好的，您還記得另一個「詰恩」的例子嗎？將責難毀謗的意涵作為名字，只為符合生肖字形所需，豈不離譜！諸如此類的情況很多，例如牛羊兔等生肖喜食草，見艸部不管文意就選用，也不知這草好吃否？有毒否？您吃得心安嗎？甚至像敬、慕、權、夢這類「似草而非草」的字也當草來吃，如此做法等於是在文化上

開倒車的行為。如今新一代的父母教育程度都相當高，不再是過去文盲普遍、識字有限的時代背景了，生肖之說的取字邏輯確實有重新檢討與商榷的必要。

生肖之說最容易成為江湖術士招搖撞騙的把戲

我經常在課程中提到沒事不要隨便問命理師自己的名字好不好，因為改名是一門生意。生意上門了，相信不少老師都會找理由來建議改名。您覺得什麼理由最好用、最直白呢？

用《易經》嗎？太深了很難理解。三才五行呢？沒學過命理很難懂五行放在那裡有什麼差別。那就用簡單點的筆畫吉凶吧？但可能還得翻農民曆，很麻煩！那麼說說生肖如何？這就淺顯易懂了！

新一代的父母教育程度普遍較高，還不容易被唬住，但對老人家來說或許就很管用了。下面就說個我實際接觸過的案例，來讓您見識

一下什麼叫做玩生肖玩到出神入化，令人拍案叫絕。各生肖喜忌用字其實您上網就能查到，那不過初級班程度，看看高級班的怎麼玩！

我曾遇過有位阿嬤來詢問孫女的名字改得好不好，說是名叫「品潔」，阿嬤很信命理，但孩子的父母並不介意這些，所以當時是阿嬤去找某位老師取名的。寶寶是庚子鼠年生，原本取作「品妍」，我疑惑品妍雖然是很多人取的名字但也沒問題，為何要改呢？阿嬤說隔年得知有位生肖派大師很厲害，就去詢問品妍這個名字取得好不好？而這位大師的把戲，真是令我甘拜下風自嘆不如了！

大師說，品妍生肖屬鼠，用品字有洞鑽沒問題，但「妍」字一定要改掉，這是為何呢？因為老鼠在生肖中排第一，而「妍」字裡有個「二」，老鼠被降級，會讓孩子身體變差姻緣破敗智能下降，所以非改不可。阿嬤一聽這還得了，看著大師炯炯目光不由得心生畏懼，於是改成了品潔，老鼠生肖是水還喜歡彩妝，潔中有水有糸，應該

可以了。

「那您為何又來問我呢？」我反問道。阿嬤說自己每天看東看西、想東想西的，就是不安心，聽說老師您口碑好所以也想來問問意見。我想了想，當下就決定給阿嬤一個震撼教育，否則再這樣問下去沒完沒了！

我對阿嬤說：「那位大師說妍字有二被降級不行，但改成潔字，您看到裡面有個三嗎？二都不行了，還給個三不就更慘？還有老鼠愛鑽洞是吧，但蛇也愛鑽洞，老鼠在洞裡不怕遇到蛇被逮個正著！可以不要再自己嚇自己了嗎？文字就是由點畫結構所組成的，要在點畫之間玩把戲可以玩到昏天暗地，真要這樣玩我不收您一毛錢，但是會玩到讓您很開心，好不好？」

如此您懂得部分生肖派論者在玩些什麼把戲了嗎？愈是強調生肖重要的，就愈會搞這種把戲。但這樣搞名字的意義到底為何？相信身

為知識分子的您應該了然於胸，生肖之說也就談到這。

● 怎麼有些老師說的不一樣

不同於八字學一脈傳承（由北宋徐子平建構，以日柱為命主而集大成的完整命學論述），姓名學雖是由白氏集熊崎氏之大成，但因本質上違反中華命理的精神，加以民間反對日本學說的聲浪，導致各門各派揭竿而起，打著反熊崎氏的正義大旗而建立起自己的學派，儼然形成兩大系統，即熊崎氏學派與反熊崎氏學派。而這在所有命理項目中也是絕無僅有的情形，白氏這位祖師爺著實憋屈，未能定姓名學理論於一尊。我根據多年來從事命理教學與工作的經驗，統計國人命名方式如下，當然這僅是個人的約略估算，只能力求客觀。

當今七成的父母會採用命理方式取名

這包含了直接請命理老師取名、運用網路程式排算，或自行翻閱相

關書籍排算等方式。若以目前平均每年十四至十五萬新生兒來估算，就會有十萬名左右的寶寶是以姓名學取名。那麼有算名字的寶寶人生就比較得意，沒算名字的寶寶人生就比較失意嗎？

採用熊崎氏姓名學占命理方式取名者七成

每年會用命理方式取名的十萬名寶寶中，就有大約七萬名寶寶採用熊崎氏姓名學取名。細部可再區分為完整運用筆畫與三才五行定義者約占五成，僅採用筆畫不看五行者約占四成，另有少數僅以五行為主。因此，即便採用熊崎氏學派來命名，運用程度的落差仍是不小。但是否完整運用筆畫及五行取名的寶寶，人生就比只算筆畫的寶寶更加吉祥？

運用生肖派與其他學派取名者約占三成

這三成運用的取名方式琳瑯滿目，大致歸類如下。

　　　　　　　　　　　　4　姓名學在說什麼

純粹以生肖派取名者約占兩成，大約兩萬人。但生肖之說有兩個特性是所有學派不具備的，即它是目前唯一未受熊崎氏架構影響的派別，並且可以融入所有派別之中。其他各派包括採用熊崎氏者，在取名時也可能參酌生肖派來選字，因此影響力遠超過兩成。

而以下各學派合計占有大約一成比重。主要為以下兩個學派：將易經卦名置入姓名格局來命名的「易經卦象派」，以及將八字十神置入姓名格局的「八字十神派」。其他還有紫微九宮派、納音天運派、音韻五行派、色彩五行派……乃至名不見經傳的自創派別，因本身不具備完整的學理基礎，難以形成共識與影響力。還有部分為假借神明旨意、前世今生等不符科學精神與人世常理來取名者，可忽略不計。

結語

本書就命理與姓名學提供科學而有系統的論述，希望能協助您為寶

寶取一個真正符合姓名學的好名字。這裡再做一個比喻，姓名學派如同宗教教義，好似一種信仰，您覺得有宗教信仰者的人生，就一定比無特定宗教信仰者更加幸福美滿嗎？當然不是，教義如同姓名學只是一種形式，信奉宗教者受教義所約束、如同採信姓名學者受學理所規範，但沒有宗教信仰者只要心地光明向善，同樣可以開創美好的人生；有宗教信仰者如多行不義，也同樣會受到應得的應報。放諸姓名學也是如此。

目前國內以信仰佛道教者為多，但也有基督教或其他宗教的信仰者，就如同採用或不採用熊崎氏姓名學排算名字一般，每一個宗教有不同的教義與儀式，不同的姓名學派也有不同的論點與詮釋；只要是光明正向、有所依據的學派，都應予以尊重。

身為命理工作者，也如同不同宗教的神職人員，應根據自己的信仰與專業為人服務，若只因為不符自身學派的論點，便批評他人的名字有問題而建議改名，甚且以各種話術來做命理生意，這是不道德

的。如果有某宗教的神職人員批評其他宗教的信奉者，甚至要他人放棄自己的信仰，您會接受嗎？

筆者個人並不否定任何有學理依據的學派，但若您問我選擇何種學派較佳，我會建議根據理論最完備與最具共識的熊崎氏姓名學。雖然它源自於日本，但就像佛教也源自印度，理論愈完備才愈經得起考驗，共識愈大才愈能形成力量。相信經過這樣的分析，身為知識分子的您應該心中自有答案。

如何為寶寶取個好名字——精選姓名格局、宜用字大全一次收錄！第 1 本真正的取名秘笈／蔣天民著 . -- 初版 . -- 台北市：時報文化，2023.12；　面；　公分　（人生顧問；505）

ISBN 978-626-374-683-1　（平裝）

1.CST: 命名　2.CST: 姓名學

293.3 112019996

人生顧問 505

如何為寶寶取個好名字
——精選姓名格局、宜用字大全一次收錄！第 1 本真正的取名秘笈

作者　亨來閣主 蔣天民｜主編　陳盈華｜行銷企劃　石璦寧｜美術設計　陳文德｜內文排版　薛美惠｜董事長　趙政岷｜出版者　時報文化出版企業股份有限公司／ 108019 台北市和平西路三段 240 號 1 至 7 樓｜發行專線—(02)2306-6842｜讀者服務專線—0800-231-705 (02)2304-7103｜讀者服務傳真—(02)2304-6858｜郵撥—19344724 時報文化出版公司｜信箱—10899 台北華江橋郵局第 99 信箱｜時報悅讀網—www.readingtimes.com.tw｜創造線 FB—www.facebook.com/fromZerotoHero22｜法律顧問　理律法律事務所　陳長文律師、李念祖律師｜印刷　勁達印刷有限公司｜初版一刷　2023 年 12 月 22 日｜定價　新台幣 480 元｜版權所有　翻印必究　（缺頁或破損書，請寄回更換）

時報文化出版公司成立於 1975 年，並於 1999 年股票上櫃公開發行，於 2008 年脫離中時集團非屬旺中，以「尊重智慧與創意的文化事業」為信念。